Propensity Score
Matching Methods：
Fundamentals and
Applications

倾向值匹配法的概述与应用：

从 统 计 关 联 到 因 果 推 论

苏毓淞 著

重庆大学出版社

图书在版编目（CIP）数据

倾向值匹配法的概述与应用:从统计关联到因果推
论/苏毓淞著. --重庆:重庆大学出版社,2017.7(2020.12 重印)
（万卷方法）
ISBN 978-7-5624-9632-8

Ⅰ.①倾… Ⅱ.①苏… Ⅲ.①统计分析—研究
Ⅳ.①C813

中国版本图书馆 CIP 数据核字（2016）第 034121 号

倾向值匹配法的概述与应用：
从统计关联到因果推论

苏毓淞 著
策划编辑:林佳木
责任编辑:陈 力 版式设计:林佳木
责任校对:张红梅 责任印制:张 策
*
重庆大学出版社出版发行
出版人:饶帮华
社址:重庆市沙坪坝区大学城西路 21 号
邮编:401331
电话:(023) 88617190 88617185(中小学)
传真:(023) 88617186 88617166
网址:http://www.cqup.com.cn
邮箱:fxk@ cqup.com.cn（营销中心）
全国新华书店经销
重庆市国丰印务有限责任公司印刷
*
开本:940mm×1360mm 1/32 印张:6.25 字数:140 千
2017 年 8 月第 1 版 2020 年 12 月第 2 次印刷
印数:3 001—5 000
ISBN 978-7-5624-9632-8 定价:32.00 元

清华大学定量分析方法研究所　组织编写

总　序

中国当代社会科学各学科的研究方法多为西方舶来,这一事实不可回避。由此亦衍生出不尽如人意的另一个事实,即这些滥觞于西方的科学研究方法在国内学界的传播与应用,并未能像各个学科的一般理论和知识那样,为国内学者或学生广泛习得并恰当使用。归根究底,造成这种现状的原因无外乎如下两点:一是中国社会科学诸学科长期以来重描述的研究范式;二是青年研究者在初入社科研究领域时(多为文科生)就已产生了视数学为畏途的心态。以此为背景的研究或秉承旧有的研究范式,对新的研究方法视而不见,或对西方学界主流的研究方法进行囫囵吞枣、生吞活剥式的使用。这都不利于正在迅速发展的中国社会科学与国际学术界交流。这个世纪开始,随着大批海外学子陆续回国任教,他们给社会科学学科发展带来很大冲击,也从方法上改变了学科研究的范式。

这里说的方法变革所造成的范式转变,并非简单的定量与定性方法之争。此处所谓新的范式是指通过严谨的研究设计,应用科学的方法(定量或定性方法皆属之),采集数据去从事研究。过去数十年国内学界所累积的学科知识,在这个新的研究范式下,已得到验证,甚至有突破性的理论创新。不过,任何转变都不可能一蹴而就,固有研究范式的惯性及其导致的对于科学方法的疏离感,仍然如紧箍咒一般,时刻影响着科学研究方法在国内社会科学学科的发展。

"社会科学研究方法·前沿与应用"丛书的主要目的就是希望拉近学生与科学方法的距离,从而激发他们学习并应用这些方法。2012 年暑期,重庆大学出版社雷少波编辑做客清华大学政治学系,言谈间,我提出组编一套介绍社会科学研究方法丛书的想法,有别于坊间同类介绍方法的丛书,这套丛书的最大特色在于将理论背后的"理论"呈现给读者,让初学者知其然,更能够知其所以然;同时使用实际的研究成果,提供最直观的应用案例,让读者了解到这些研究方法如何应用到以中国为主题的研究,通过主题的熟悉感,真正拉近读者与方法之间的距离,提升读者学习的热情,为有志于从事相关领域研究的人士提供扎实、恳切的引导及参考。

这套丛书编写的体例大致分为理论介绍、案例点评和软件实操展示三个部分。第一部分的理论介绍,主要是编写者结合自身学习该方法的历程,用最浅显易懂的方式(尽可能使用最少或最基本的数学),来介绍方法背后的理论与原理,以及应用该方法的场景,并重点介绍该方法的标准操作流程,以及提示该方法在操作上可能遇到的限制,为读者学习理论提供最大的便利。第二部分的案例点评是本书的亮点,编写者选取应用该方法的范文(优先选择以中文撰写和使用中国数据的论文)进行点评。这样选择的目的如前所述,是希望读者通过既有的研究,切实学习到该方法是如何在中国场景下落地的。编写者的点评首先发挥导读的作用,同时亦不会避重就轻,而是无褒贬之忌讳,既点出该方法在范文中使用的准确、巧妙之处,也会点出研究过程中存在的短板,不论是方法操作上的问题,还是研究设计本身的缺陷,抑或是数据上造成的罅隙,这也是编写者希望读者能够在实操过程中尽量避免的部分,毕竟方法的习得容易,但是要用得对、用得好,还是需要熟悉方法、经验丰富的资深使用者指导。此部分的点评就是希望用文字为读者建构一个面对面的学习场景,起到教师与学生一对一现场教学的效果。第三部分的软件实操展示,使用的软件主要还是坊间常用的 SPSS,STATA,R 三个软件。编写者使用数据范本,实际演示该方法通过不同软件的操作步骤,尽可能做到精准、简洁,同时兼顾可读性、可视性。原则上,这部分会至少涵盖两个软件操作展示,未来如读者有需求,我们将在丛书的网页以附录的方式,编写该方法在其他软件的操作步骤。

丛书总序的最后,必须感谢清华大学张小劲老师、王天夫老师、洪伟老师、孟天广老师,北京大学严洁老师、任莉颖老师,中国政法大学卢春龙老师,中国人民大学孙龙老师和远赴英国的呼和那日松老师,诸位同仁鼎力相助,为这套丛书的出炉提供了智力和时间上的大力支持。丛书编著过程中,经历了许多波折与挑战,若没有他们的投入,这套丛书的顺利问世几乎是不可想象的。特别感谢重庆大学出版社雷少波编辑的鼎力支持,我当初言谈间大胆的设想方能实现;也特别感谢林佳木编辑、邹荣编辑不厌其烦地催稿,如果说雷编辑是伯乐的话,林、邹两位编辑则是催促着我们前进的鞭子。丛书的完成,这些文字背后的贵人缺一不可。

编著这套丛书,是为试图改进中国社会科学研究对于国际主流方法的使用状况,这也是上述诸位共谋此事背后的雄心壮志,但不积跬步无以至千里,任何实质性的转变都要依靠些微的积累和推进方能实现,落在实处,就是这一本本小书的质量。若能对有需要的读者有所启发,或能由此催生后续研究的跟进,就是编写者最大的心愿。由于编写者学识所限,这套丛书一定还存在诸多不足和有待完善之处,希望读者和相关方法的使用者及时反馈批评意见,以便于我们再版时加以订正和改进。

苏毓淞

于清华园

2016.10.5

序

　　2005 年春天,我在纽约大学 Adam Przeworski 教授的课上,第一次接触到倾向值匹配法,从此便与它结下了不解之缘。十年之后,"社会科学研究方法·前沿与应用"丛书召开第一次编写会,与会青年学者须各选择一个方法作为自己的主题,我当下就决定介绍这个方法。十年之前,倾向值匹配法在美国社会科学学界正处于上升期,许多学者认为因果推断有了新的解决方法,他们如获至宝,纷纷投入此一方法的使用,并为这个方法编写各类软件,以致坊间各式各样的"倾向值匹配方法"相关软件,一度如雨后春笋般层出不穷。不过,就如同 Przeworski 教授在那堂课后发表的工作论文中所指出的,这一方法在解决因果推断问题上存在局限性。学者们对这个方法的憧憬,其实是个美丽的误会;之后的数年间,也即我攻读博士期间(至 2009 年),我几乎见证了"倾向值匹配法"在学术界发展变迁的全过程。一方面,其所依据的理论不断产生新的突破和改进,学者提高了应用这个方法的标准和范式;然而,另一方面,他们的努力却为"倾向值匹配法"敲响了丧钟,它的绚烂,仿若一颗陨落的新星,暗淡了下来。正如学术研究中的许多方法一样,它们从最初喧嚣夺目、令人趋之若鹜的热闹,逐渐趋于平静和理智,这一过程让身处其中的我不禁扼腕叹息,同时又赞叹于学界专家学者们永无休止的探索精神,这或许正是"方法"和一切学术研究的魅力所在吧！在这本书的前两章，我尽可能以由浅入深的方式，向你们介绍这个定量方法中一闪即逝的流星。

我想我可以下个定论，即倾向值匹配法在社会科学学界的盛行，与其隶属的因果推断理论有高度关系。20世纪以来，社会科学学者越来越希望能像自然科学学者一样，说因道果，确立研究的"科学性"与典范性，尽管他们的研究往往发现的是关联性，而非因果关系，不过他们依然为此付出了巨大的努力，不断挑战与审视自己的做法和观点。例如，早在1959年，美国社会学大师Seymour Martin Lipset博士即挑战了现代化理论，他认为关联不等于因果，现代化理论所主张的经济发展与民主化的关系，并不能构成因果关系。正是这样坦诚直面问题核心的精神，催促着社会科学学者们不断探究解决因果关系新的研究方法，同时也注定了"倾向值匹配法"这个宣称可以解决因果推断基本难题的研究方法，可以于21世纪初在社会科学学界横空出世！

如果读到这里，你打算合上这本书，从此远离倾向值匹配法，那你正好错过了这个在当代定量方法中最值得学习的方法。如果说倾向值匹配法是以最保守的方式进行变量间的因果推断，那么它的不足之处，同样也是其他方法推断因果受限的地方。所以，如果说学者对于这个方法的审慎规范，摧毁了这个方法的普适性，那么它的陨落同样也给其他研究方法带来本质上的冲击。简言之，我们再不能天真地认为回归分析结果就能给我们因果关系，甚至据此获得的关联性都有可能是错的，是谬误的（请详见本书关于共变量重合的讨论）！

是的,我的确是在进行负面营销!但我正是希望以这种方式提醒学习该方法的读者,倾向值匹配法并非因果推断的灵药,多数学习该方法的入门使用者,认为使用倾向值匹配法获得的估计值就是因果效用,他们忽略了学者们后来在深挖该方法不足之处时,所开发的一连串检验理论,有些检验模块虽然已经有软件可以实现,有些检验却是待开发的,如果忽略掉后续的这些检验,行文时出现妄议因果的字眼,无疑是自开空门,给审稿人痛击文章短板的机会。所以请读者详读本书第 2 章的后半部分,以及第 3 章论文的点评,希望你们能从中认识到推论因果的难处,以及应用倾向值匹配法必须特别注意的地方。

什么是倾向值匹配法?就是将各个受测单元多维度的信息,使用统计方法简化成一维的数值,是为倾向值,然后据之进行匹配,匹配的目的就是要找寻实验组和对照组样本中拥有相同(或者相似)倾向值的样本,它们之间的差异,就是因果效用。这个原理非常简单,但聪明如你,肯定对于将多维度信息简化成一维度数值产生疑虑。什么是多维度的信息?如何简化它?这都是倾向值匹配法最为关键也是最容易出现问题的地方,本书的第 1 章将简要介绍为什么要对多维信息进行降维处理,第 2 章将更进一步讲解这背后的理论背景。书中行文时,不可避免要使用到一些数学公式来辅助理论论述,在这些推演过程的后续,我尽可能以最浅显易懂的文字对这些推演过程的原理进行说明,略过这些公式并不会妨碍对于理论的了解。

希望读者能够以更严谨的态度去进行因果推断的研究,这亦是与读者分享本人多年来使用这一方法过程中得到的经验与教训。社会科学学界引入倾向值匹配法虽然无法彻底解决过去研究中无法推断因果的局限,但是关于这一方法的探究所带来的新的思维模式,却在很大程度上改变,甚至提高了学者们处理因果推断问题时的标准。正如我在本书第 2 章结语时总结的:归根究底,严谨科学的研究设计是进行因果推断的前设,倾向值匹配法是协助我们解决因果推断的一种研究方法,它不能帮助我们发现因果关系! 换言之,任何看似完美的方法都无法为我们提供一劳永逸的解决方案,而围绕"倾向值匹配法"数年间的聚讼探索,却让我们见证了人文社会科学在近百年间愈加科学、严谨的进程,学者们试图以更有说服力的论证,来参与这个世界的方方面面。而兼具关怀与理论,感性与理性,正是人文社会科学得以生生不息,薪火相传的谜之所在。

最后感谢我的家人一直以来对我的支持,尤其是我的内人,在身体不适的情况下,仍然坚持为我校稿,没有她,书稿将充满生硬、佶屈聱牙的语句。如果书中存在任何错漏疏失之处,也请读者们反馈给出版社,我们将在本书再版之际进行更正。

苏毓淞

于西山脚下

2016.10.6

目　录

表目录

图目录

第 1 章

因果推论理论概述

2010 年年底,北京市开始实施《北京市小客车数量调控暂行规定》,这一措施是抑制了有车民众购买多余机动车的行为,还是反而刺激了人们进一步购车的意愿? 规定出台至今,如果说北京市机动车数量的增长速度有所减缓,那么,这是否意味着有车民众是由于该政策而放弃购买多余车辆? 日本央行于 2013 年年初启动新一轮的货币量化宽松政策,该政策是否会使长期不振的日本经济恢复生机? 如果日本经济的确因此出现正增长,那么该政策对经济增长率的直接影响具体有多大? 一个民主国家和一个非民主国家之间发生战争的概率,是否比两个民主国家之间发生战争的概率高? [“民主和平假说(Democratic Peace Thesis)”]如果这个前提成立,那么,当非民主国家民主化后,两国发生战争的概率是否会因此降低?

以上问题,都是典型的“因”“果”关系问题: Y 是否是因 X 而生? 如果是,X 对 Y 影响的程度为何? 如果没有 X,Y 是否就不会发生?

每个人时时刻刻都可能会面临不同的因果问题。但是要想发掘出正确的因果关系(causal relationship)却并非易事。上文列举的问题,可以说代表着社会科学领域探究问题的普遍范式,看似基本,但却很难给出确切的答案。从北京市政府公布的数据显示,北京市机动车增速的确明显减缓了,然而,我们无从得知,对于当初想要购买多余车辆的有车民众来说,他们是由于政策改变,无法获得额外的购车指标,所以没有购买多余车辆,还是说他们主动响应该政策的美意,愿为缓解北京市道路拥堵尽一份力,放弃购买机动车。毕竟,有车民众无法再获得购车指标,所以我们无从判断这项调控政策对他们购车意愿的影响;同样,日本经济的确在 2013 年年中出现了复苏的迹象,股市大涨,出口贸易量增加,但是我们仍然无法将日本经济增长直接归因于日本央行推行的新量化宽松政策。其一,如果没有该政策,日本经济是否就不会好转？由于政策已经实施,所以"假设"是无法验证的,我们无从得知如果不推行该政策,日本经济态势会如何发展。其二,新量化宽松政策只是日本政府长期不断推出的振兴经济的多项政策之一,究竟是这一项政策在关键时刻起到了特殊效用,还是各项政策综合作用的结果,亦难以定论;"民主和平假说"也存在相同的问题,既有数据显示,两个非民主国家,以及一个非民主国家与一个民主国家之间发生战争的概率,大于两个民主国家之间发生战争的概率。但我们仍然不能简单地将非民主国家的存在归咎为战争爆发的主因,因为我们无法得知非民主国家民主化后两国相处的情况,也不知道民主国家变成非民主国家后两国相处的情况,因此,我们不能轻率地得出如下结论,即民主国家或非民主国家存在与否,是造成战争发生概率差异的主因。更有甚者,两国间关系的恶化,极有可能是由于历史原因,或受到国际关系变化的影响,如此说来,政体是民主或非民主,就未必是造成战争发生的因素。

　　总的来说,在以上问题中,我们至少面临两个方面的困境,或是缺乏反事实案例(counterfactuals),或是无法排除可能影响结果的其他因素。这样的难题,事实上也是社会科学家们经常遭遇的情况。所谓缺乏反事实案例的情形,学者们称之为因果推论的基本难题(fundamental problem of causal inference)(Holland,1986)。学术界公认的解决此类问题的方法有数种[Heckman Selection Model(Heckman,1979), Instrumental Variable Method(Angrist et al.,1996), Difference-in-Difference Method(Card and Krueger,

1994）等］，本书将聚焦于其中一种方法——倾向值匹配法（propensity score matching method），以下几节将梳理因果推论理论的术语与假定，并在第2章详细介绍倾向值匹配法。

1.1 潜在结果模型

因果推论（causal inference），就是推断"果"的发生与"因"的发生有某种程度上的关联；换句话说，它们之间存在着"因果关系"。"因"必须发生在"果"之前。然而，如何厘清"因"与"果"的关系，证明"果"的确是"因"所引起呢？首先，我们必须确定唯有"因"才是引起"果"的必然要件，假使不然，我们就只能认定它们之间存在关联性或并发性的关系（association/correlation），而不存在因果关系；再者，我们还必须确定，若没有了"因"，"果"也不应该发生的反事实条件，假使不然，若是在没有"因"的情况下，"果"仍然会发生，那么，"因"就不是引起"果"的必然要件，两者间的关系也就不是因果关系。

因果推论理论的滥觞，是由科学实验中获取变量间因果关系的方法而来。在实验设计（experimental design）中，比较实验组（treatment group）和对照组（control group）之间的差异，也就是处理变量（treatment variable）对于结果变量（outcome variable）的处理效用（treatment effect）（Neyman et al., 1935；Fisher, 1935；Cochran and Gertrude, 1950）。[①] 当然，严谨的科学实验设计是确保研究所

---

① 在因果推论的文献中，处理效用又可称为因果效用（casual effect），本书采用处理效用的说法，主要是特别强调因果效用是处理所造成的影响。

获因果关系有效和正确的关键所在。但是在社会科学研究所使用的数据中,大多是观测性数据(observational data),往往没有科学实验那样严谨,而且由于是对样本进行观测,在一次性采集样本信息的情况下,研究者还必须面临缺乏反事实案例的情况,样本 A 如果接受过处理变量的影响(例如,曾接到候选人电话动员他去投票),我们就无从得知样本 A 未接受处理变量影响的结果(没有接到候选人来电动员他去投票)。为解决缺乏反事实案例的问题,诸多学者投入研究、开发解决因果推论难题的研究方法。其中统计学家 Donald Rubin 自 1970 年发表一系列的文章(1974;1977;1978;1980a;1980b;1981;1986;1990),从根本上奠定了因果推论理论的基础。

这里要说明的是,潜在结果模型(potential outcome model)中的"潜在结果(potential outcomes)"一词并不完全等同于前文中提到过的反事实结果(counterfactual outcomes),在因果推论的模型中,任何单元(unit)都必须要有(潜在)机会去接触或不接触处理,而潜在结果模型更关心的是,如果当初接触(或不接触)处理时,结果是否会不一样,所以这个模型也被称为反事实模型(counterfactual model)。不过,更为普遍的称谓是"Rubin 的因果模型(Rubin's Casual Model,RCM)"。这是由 Holland(1986)撰文时首先提出,为推崇 Donald Rubin 博士对于因果推论一系列的研究成果(1974;1977;1978;1980b),尤其是针对 Rubin(1974)撰文讨论,在随机性和非随机性的研究中,如何分别估算处理(treatment)[1]的处理效用时,所提出的"潜在"这个概念。但有一点

---

[1] 在因果推论的文献中,对于处理变量会使用 treatment(处理)或 intervention(干预)这两个词语,本书以"处理"为标准译法,但为求行文流畅,间或也会使用干预表示之,两者是同义的。

必须澄清,潜在结果这一概念,早在 1923 年就已由波兰统计学者 Jerzy Neyman 在其博士论文中提出(Neyman et al.,1990[1923]), 但由于该论文是用波兰文写的,所以鲜为人知,直到 1990 年 Neyman(1990[1923])的论文被翻译成英文发表在英文期刊 *Statistical Science* 之后,学者们才把潜在结果模型又冠以 Neyman 博士的姓氏,称为 Neyman-Rubin 的因果模型(Neyman-Rubin's Causal Model)。关于这一问题,计量经济学家 James Heckman 博士抱持不同的观点 Heckman(2008),他曾撰文指出,潜在结果这个概念是由经济学家 A. D. Roy(1951)首先提出的,潜在结果模型应称为 Roy's Model。

冠名权的争论迄今未休,已演变为学科之间,乃至不同学派、学者之间的对抗,有兴趣的读者可以根据文中所引的相关文献去循迹,以得出自己的判断。可以确定的是,不论潜在结果模型是谁先提出来的,其意涵是相同相通的。下文将对潜在结果模型做检验阐述,行文必要时,会通过数学式表达其中若干概念。

1.1.1 因果态与实验分组

受测单元(treatment unit)接受一个二元的(binary)实验处理,会产生两种状态,称为因果态(causal state):接触到处理的状态和未接触到处理的状态;其实验分组,前者属于实验组,后者属于对照组。比较受测单元在两个因果态的差别,所得到的就是处理效用。

以选举动员为例,其核心问题是"选民接触到动员信息是否会影响他的投票意愿",所以两个因果态分别是:选民接触到候选人动员他去投票的信息,属于实验组;选民没有接触到候选人动员他去投票的信息,属于对照组。如果接触到候选人的动员信息后,选民原有的投票意愿发生改变,这个改变,也就是处理效用,明显是有效的。如果处理不是二元的,而是多元的(例如受教育程度:小学毕业、中学毕业、大学毕业等)或者是连续性的(例如收入水平),那么因果态自然不再只有两个,这类实验的处理效用也就不能简单地比较实验组和对照组间的差别。关于这一点,之后的章节还会补充说明。

　　进一步来说,在一个二元处理变量的实验中,有两个因果态,会产生两个实际结果(factual outcomes)、两个反事实结果。无论结果是实际观察到的,或是无法观察到的,对应到两个因果态,两种结果以随机变量 Y 表示则为:Y^1, Y^0;1 通常代表接触到处理,0 则代表未接触到处理。我们用 Z 来表示这个二元处理变量,则两个因果态的数学表示式为:

$$Y = Y^1 \text{ if } Z = 1 \qquad\qquad (1.1)$$

$$Y = Y^0 \text{ if } Z = 0 \qquad\qquad (1.2)$$

无论接触处理与否,我们观察到的结果都是以 Y 表示。为了区别接触处理与否,如果某受测单元接触到处理($Z = 1$),观察到的结果以 Y^1 表示;反之,如果某受测单元没有接触到处理($Z = 0$),观察到的结果以 Y^0 表示。[①] 某个单元实际被观测的结果,统计术语通常以小写字母表示为:y_i^1, y_i^0,而这个二元处理对于该受测单元的个体处理效用(Individual Treatment Effect, ITE)则为:

$$\text{ITE} = \tau_i = y_i^1 - y_i^0 \qquad\qquad (1.3)$$

一般来说,在因果推论的操作中,处理效用都是比较实验组和对照组间的线性差(linear difference),如同式(1.3)所表示的。

───────────

① 学者会使用 Y^T, Y^C 或 $Y(1), Y(0)$ 等不同的符号来表示相同的意思,其中 T 和 1 表示 Treatment,而 C 和 0 则表示 Control。

1.1.2　因果推论的基本难题

如果把反事实结果列入讨论,连同实际结果,可以画出一个 2×2 的矩阵表,见表 1.1。

表 1.1　因果推论的基本难题

	Y^1	Y^0
实验组($Z=1$)	实际结果 Y	反事实结果
对照组($Z=0$)	反事实结果	实际结果 Y

表 1.1 第一行就是式(1.1),加上未能观察到的反事实结果;同样的,第二行就是式(1.2),加上未能观察到的反事实结果,所以表 1.1 又可用数学式表示,如式(1.4)。

$$Y = ZY^1 + (1 - Z)Y^0 \tag{1.4}$$

以文字表述式(1.4)如下:对照组可以观测到的,是实验组无法观测到的反事实结果;实验组可以观测到的,是对照组无法观测到的反事实结果。这也就意味着,对任何一个受测单元来说,不可能获得它的个体处理效用,因为,它或是在实验组被观测到 y_i^1,或是在对照组被观测到 y_i^0,由于无法同时得到 y_i^1 和 y_i^0,当然也不可能获得个体处理效用 τ_i,这也就是 Holland(1986)所描述的因果推论的基本难题。

即便我们能够收集庞大的数据,对于实验结果而言,我们还是永远只能获得一半的信息,就如同式(1.4)所表示的一般,当接触处理时($Z=1$),$(1-Z)Y^0=0$,Y^0 的信息便缺失了;当没有接触处理时($Z=0$),$ZY^1=0$,Y^1 的信息便缺失了,如此一来,便无法直接比较两个因果态(Y^1-Y^0),以求得处理效用。

表 1.2 呈现了 10 笔二元处理下的虚拟数据,左侧小表为完全信息下,各个受测单元 i 都可以观测到它们接触处理和未接触处理的因果态,显而易见,个体处理效用为 4,$y_1^1 - y_1^0 = 4$,$y_{10}^1 - y_{10}^0 = 4$。右侧小表则代表现实中会发生的因果推论难题,无论哪个受测单元,都缺失一半信息,如此一来,我们便无法通过 $y_i^1 - y_i^0$ 来求得个体处理效用 τ_i,所以因果推论的基本难题基本上也就是缺失数据(missing data)的问题。

表 1.2　二元处理下的虚拟实验数据

完全信息下的数据					实际观测数据			
单元	处理	潜在结果		实际结果	单元	处理	潜在结果		实际结果
i	Z_i	y_i^0	y_i^1	Y_i	i	Z_i	y_i^0	y_i^1	Y_i
1	1	10	14	14	1	1	?	14	14
2	1	8	12	12	2	1	?	12	12
3	1	6	10	10	3	1	?	10	10
4	1	12	16	16	4	1	?	16	16
5	1	14	18	18	5	1	?	18	18
6	0	8	12	8	6	0	8	?	8
7	0	9	13	9	7	0	9	?	9
8	0	11	15	11	8	0	11	?	11
9	0	14	18	14	9	0	14	?	14
10	0	10	14	10	10	0	10	?	10

1.1.3　平均处理效用

因果推论的基本难题表明,我们无法获得每一个受测单元的个体处理效用;换句话说,处理效用是无法在个体层面(individual level）上求得的，所以一般来说，只能从集体层面（aggregate level）上求得平均处理效用（Average Treatment Effect，ATE）。使用概率理论中的 $E[\cdot]$ 来表示期望值，如果 $E[\cdot]$ 内的参数是一串数值，则这串数值的期望值就是它们的均值。所以平均处理效用的期望值以数学式表示为：

$$\widehat{\text{ATE}} = E(\tau) = E(Y^1 - Y^0)$$
$$= E(Y^1) - E(Y^0) \qquad (1.5)$$

其中式（1.5）中的第二行表示，两个参数差的期望值等于两个参数期望值的差，这是期望值定理的一个特质，此处不再赘述，读者可自行计算证明。总的来说，因果推论的基本难题让我们无法比较受测单元在两个因果态的差异，进而求得个体处理效用，我们必须退而求其次，使用平均处理效用来满足我们探究处理对于结果的作用。

1.2　社会科学研究中的因果推论

观测性数据是社会科学家们最常使用及接触的数据类型，有别于实验室所产生的实验性数据，观测性数据通常并没有明确的处理或干预的设定；也就是说，在研究设计阶段，研究者通常并不会设定特定的处理变量，进行谨慎的实验设计。所以使用观测性数据推论因果最常遭遇两个问题：其一，我们无法明确地从数据中界定或抽取出合适的处理变量；其二，即便我们可以界定合适的处理变量，我们也可能面临变量间复杂的关联关系，由此无法有效地推论因果效用。因此，使用观测性数据推论因果，必须依赖一些假定的前提,才能宣称我们求得的处理效用是可靠而有效的。这是个令人沮丧的事实,一个需要依赖假设的方法,难免会让人质疑,不过,几乎所有的研究方法都需要依赖一些假定,不论是自然科学领域或是社会科学领域,既然无法避开假定,就必须严格保证表述方法中所使用的假定,并在研究操作的过程中,确保满足使用假定的条件。以下,我们会分节叙述因果推论方法中使用到的假定和一些基本要求。

1.2.1　处理变量的可操作性

因果推论与一般回归分析不同,并非任何一个变量都可以置于回归方程式的右侧,成为处理变量;处理变量必须能够在受测单元上实现不同程度的试验。因此,诸如探究身高与收入的因果关系是没有意义的,因为一个人的身高是固定的,不可能在被观测时变高或变矮,虽然鞋子的高度、骨折等可以使身长发生变化,但是这时候处理变量就不再是身高了,而是穿增高鞋或进行手术。身高无法被任意操作,或者说它无法不通过其他变量被任意操作,所以使用身高作为处理变量是不合适的。

性别也不适合成为处理变量,例如有些学者试图探讨性别与薪资收入水平的因果关系,最常得到的结论是在其他变量类似的情况下,男性获得的平均薪资高于女性。但是性别可以操作吗?在大多数情况下,一个人的性别是无法改变和无法操作的,虽然随着医学的发展,人类可以通过手术改变性别,但是这时候可以操作的是变性手术,而不是性别本身了,所以性别也不可以成为处理变量。

再举个社会学的例子,单亲母亲带大的小孩在人格发展上是否与其他小孩不同？在这个问题中，身处单亲母亲的家庭环境是处理变量，我们也许可以使用一些手段让单亲母亲的婚姻状况在生产前和生产后发生改变，例如鼓励她参加婚配活动，或者改变民法重新定义她们的法律身份，这些手段都是对小孩干预最小的方法，不会影响处理效用，但是与上述案例类似，如此一来，真正的处理变量就不再是单亲母亲的婚姻状况了，而是使她们改变婚姻状况的变量，所以操作单亲母亲的婚姻状况很难不依赖其他干预变量，因此单亲母亲也不适合成为处理变量。

1.2.2　单元同质性假定

使用平均处理效用虽然可以解决无法求得个体处理效用的难题，但是这背后隐含着一个重要的单元同质性假定（Unit Homogeneity Assumption）（Holland, 1986），也就是说，各个受测单元基本上是一样的，是同质的。换句话说，除了避免比较类似苹果和橘子这种差别迥异的对象外，为得到可靠而有效的处理效用，应尽可能比较同一种苹果，最好是使用同一个基因复制出来的苹果。

举例来说，过度的紫外线照射是否会引起皮肤癌变？为了解紫外线照射与皮肤癌变的关系，我们在实验室环境下，通过一批老鼠来进行试验，但由于操作者的粗心，他找来了不同毛色的老鼠，有黑的、白的、褐色的。很明显，单元同质性不成立，也许毛色的不同，并不能影响紫外线对于皮肤的照射，但是因为操作者没有控制这个变量，我们无法排除不同毛色可能造成的差异，据此求得的处理效用可能不是单纯由处理所造成的。所以即便是实验研究，研究者也要尽可能地满足单元同质性。

我们再用相同的例子来说明，如何在满足单元同质性假定下，计算处理效用。为了满足单元同质性,在实验室中,复制并培养了 200 只基因完全相同的小白鼠,随机选取其中一半,对它们进行大量的紫外线照射 1 个月,这 100 只小白鼠属于实验组,实验处理则是紫外线照射,另一半没有照射的 100 只小白鼠的群体则属于对照组,6 个月后,观察两批小白鼠皮肤病变的数量,假设我们观测到实验组中有 20 只老鼠皮肤癌变,病变率为 20%,而对照组中只有 5 只皮肤癌变,病变率为 5%,所以实验处理的效用就是 20% - 5% = 15%;平均来说,过度照射紫外线的小白鼠,相比没有照射紫外线的小白鼠,皮肤癌变的概率增加了 15%。

虽然我们可以利用科技复制 200 只基因完全相同的小白鼠,但因果推论的基本难题还是存在的,因为任何一只小白鼠不可能同时处于实验组和对照组,所以从个体层面来说,由于缺乏反事实结果,无法获得个体处理效用,但是在本案例中,能够从集体层面比较实验组和对照组,由此获得平均处理效用。

1.2.3　可忽略的处理分配假定

在实验室条件下,处理分配(treatment assignment)可以做到随机化(randomization),并且可以排除除了处理变量外,使得实验组和对照组存在差异的其他变量,但是这样的操作在社会科学领域的研究中几乎不可能实现。

举例来说,数学补习班是否有助于提高中学生数学考试成绩?假使预算无上限,我们可以随机将全国中学生分配到实验组与对照组,实验组的学生全部参加数学补习班,对照组的学生则一个都不参加,一学期后,我们再来比较两组学生的数学考试成绩,假设实验组学生的平均成绩是 83 分,对照组学生的平均成绩是 75 分,则处理效用是 8 分;数学补习班平均可以增加学生数学成绩 8 分。但是这样的因果推论是否合理?

首先,在分配受测单元于处理组与对照组时,强调的是"随机"分配。随机分配处理是为确保接触处理的受测单位不是因为其他因素而选择接触处理。假设处理不再随机分配,在数学补习班的案例中,就可能发生如下情况,比如某些类型的学生较其他学生更有可能接触处理;比如有更多学生热爱数学这门学科,或是对于成绩自我要求较高,那么参加补习班的学生,也就是实验组的学生,他们的数学平均成绩高于对照组就不足为奇了。成绩高可能不是来自于补习班的教学效果卓著(处理效果),而是因为这批学生成绩本来就好,或者是本来就有更高的学习能力,所以较高的平均数学成绩可能不是来自于补习的效果。如果能够"随机"分配学生参与补习班课程,就可以排除这些可能造成实验组学生和对照组学生基本差异的因素。换句话说,实验结果必须与处理分配脱钩,两者必须是独立的,否则得到的实验效果就会如同上述而有所偏差。以数学式表达这个条件假定,即

$$(Y^1, Y^0) \perp\!\!\!\perp Z \qquad (1.6)$$

在式(1.6)中,数学符号"$\perp\!\!\!\perp$"表示"独立"的意思,用括号包含 Y^1, Y^0 表示,分配处理变量 Z 必须是"联合"独立于以 (Y^1, Y^0) 等潜在结果为参数的所有函数,例如处理效用 τ 即属此列,因为 $\tau = Y^1 - Y^0$;以文字表述式(1.6)即:在一个设计合理的随机分配处理的实验中,获悉受测单元所接触处理的分配机制,并不能让我们预测实验效果的大小。原因如下:第一,两者是独立的,是不相关的;第二,处理分配是随机化的,因此处理分配是可忽略的(ignorable),所以式(1.6)又称为严格可忽略的处理分配假定(strong ignorable treatment assignment assumption）。

　　必须强调的是,式(1.6)仅仅说明分配处理 Z 与潜在结果(Y^1, Y^0)的联合是独立的,但这并不表示 Z 与 Y 是独立的;换句话说,当受测者被随机分配到实验组和对照组,而处理效用不为 0 的情况下,式(1.4):$Y = ZY^1 + (1-Z)Y^0$,即说明了 Y 与 Z 彼此是依赖的(dependent),不是独立的。

　　然而,在大多数情况下,由于研究伦理和操作可行性等因素,社会科学的研究多属于观测性研究(observational study),这样的研究与实验研究最大的差异在于,研究者无法控制处理是如何分配到各个受测单元的,研究者所进行的观测性研究,往往是发生在处理分配后,结果已经产生,研究者才观测到受测单元的行为及反应,这种事后诸葛的无奈,也使得这类研究者必须依靠其他的研究工具来推论因果,或者通过合理的假定及建模来了解处理的分配机制(treatment assignment mechanism),希冀能借此从中分离处理与因果态的关系,达到彼此独立的条件。

　　鉴于观测性研究无法随机分配处理,越来越多的社会科学学者着手进行各项仿实验的研究,譬如有许多学者在进行问卷调查时,会随机将处理信息分配到不同的问卷中,于是受测者会随机地接触到处理信息,这种内嵌实验的调查(survey embedded experiment)模拟了实验室中随机分配处理的机制,确保了处理效用的大小与处理分配无关。

　　简单来说,随机分配处理[式(1.6)]可以看作观测性研究与实验研究交叉的一个前提;当 Z 独立于(Y^1, Y^0)的联合,也就是 Z 的分配是随机化的,我们便可以使用观测性研究数据来求得平均实验效用,如式(1.7)所示。

$$\widehat{\text{ATE}} = E(\tau) = E(Y^1) - E(Y^0)$$
$$= E(Y^1 \mid Z = 1) - E(Y^0 \mid Z = 0) \qquad (1.7)$$
$$= E(Y \mid Z = 1) - E(Y \mid Z = 0)$$

式(1.7)第一行的等式就是式(1.5),而第二行的等式之所以能成立,是因为式(1.6)中$(Y^1, Y^0) \perp\!\!\!\perp Z$独立的特性,所以当$Z$的分配是随机化的时候,$E(Y^1) = E(Y^1 \mid Z = 1)$及$E(Y^0) = E(Y^0 \mid Z = 0)$,我们不需要知道$Z$而求得$Y^1, Y^0$的期望值(彼此独立),也就是说,严格可忽略的处理分配假定可以减弱到弱可忽略的处理分配假定,即

$$Y^1 \perp\!\!\!\perp Z, Y^0 \perp\!\!\!\perp Z \qquad (1.8)$$

式(1.8)说明处理分配Z与潜在结果Y^1和Y^0是"分别"独立的,只要式(1.8)成立,式(1.7)中第三个等式也可以成立,于是第二行等式可以进一步简化成第三行等式的结论。因此,随机化分配处理对于求解处理效用是非常重要的一项前提。

总的来说,严格可忽略的处理分配假定与弱可忽略的处理分配假定之间的差异,就在于潜在结果究竟是联合独立于处理分配(严格可忽略性),还是分别独立于处理分配(弱可忽略性)。前者成立,则后者自然成立,但后者成立并不表示前者一定成立,当然,在现实生活的案例中,也鲜有后者成立而前者不成立的情况。不过,在研究中,我们仍须谨慎讨论和处理这两个可忽略性的关系。

1.2.4　控制混淆共变量

社会科学家虽然可以从事仿实验的研究,但是他们的研究无法复制相同的受测者与受测环境。仍以前文的小白鼠实验为例,研究者在实验室条件下可以复制基因相同的小白鼠,让它们处在

相同条件的培养笼里,但在现实生活中,无法复制基因相同的学生,也无法使他们在同一个环境下学习。所以当教务单位和授课老师满心欢喜地得知,参加数学补习班的学生平均成绩高于未参加数学补习班的学生 8 分时,他们很可能忽略了其他情况,比如参加数学补习班的学生的学习硬件环境更好,或者是指导补习班学生的老师教学技巧比其他普通班的老师好,是这两个因素提高了平均数学成绩,而不是因为参加补习班才提高了成绩,所以只要提高所有学生的学习硬件环境,或者是让这些教学水平更高的老师去指导普通班的学生,他们同样可以得到好的成绩。

　　这种无法控制所有潜在的其他变量的难题,不仅仅存在于因果推论的研究中,对于其他探索变量间相关性的研究,也是一个不容忽视的问题。不过,在因果推论的研究中,如果无法控制这些会影响处理分配和实验结果的混淆共变量(confounding covariates)[①],式(1.6):$(Y^1, Y^0) \perp\!\!\!\perp Z$ 就不成立,当然也无法求得可靠的处理效用。所以在多数的观测性研究中,我们会尽量控制可能影响处理分配和实验结果的共变量($\mathbf{X}$),让式(1.6)成立。以数学式表示这个条件,即:

$$(Y^1, Y^0) \perp\!\!\!\perp Z \mid \mathbf{X} \tag{1.9}$$

　　除非是完美的实验室研究,否则式(1.9)无法百分之百地实现,所以式(1.9)在很大程度上是成功实现因果推论的必要假定,这个假定与之前的严格可忽略的处理分配假定(strongly ignorable treatment assignment assumption)意思类同:假设在控制可观察到 $\mathbf{X}$ 的条件下,分配处理的机制是严格可忽略的。

---

① 共变量也就是除了处理变量之外,影响结果变量的解释变量。国内学者多将 covariates 译成协变量,本书采用共变量的译法,主要强调该变量与处理变量可能"共同"影响结果变量的意涵。

不同于前个假定［式(1.6)］要求等概率的分配处理,也就是受测者分配到实验组或对照组的概率必须是相等的。式(1.9)则放宽了这个条件,处理分配不再要求是等概率的,只要满足在控制共变量的条件下,处理分配是等概率的即可。在这个假定［式(1.9)］的基础上,可以进一步改写式(1.7):

$$\widehat{\text{ATE}} = E(\tau) = E(Y^1) - E(Y^0)$$
$$= E(Y^1 \mid \mathbf{X}, Z = 1) - E(Y^0 \mid \mathbf{X}, Z = 0) \qquad (1.10)$$
$$= E(Y \mid \mathbf{X}, Z = 1) - E(Y \mid \mathbf{X}, Z = 0)$$

总的来说,要求得平均处理效用,我们必须知道 $E(Y \mid \mathbf{X}, Z = 1)$ 和 $E(Y \mid \mathbf{X}, Z = 0)$ 这两个部分,求得这两部分其中一个方法就是倾向值匹配方法(propensity score matching method),我们将在第 2 章详细叙述如何使用倾向值来求得平均处理效用。

1.2.5　稳定单元处理值假定

稳定单元处理值假定(Stable Unit Treatment Value Assumption, SUTVA)是另一项进行因果推论时所必须遵守的假定(Rubin, 1980a)。这个假定有两个含义:第一,从字面上来看,它指的是处理对于所有受测单元的效果是一致的,是稳定的。例如,如果加入 0.5 kg 的化学肥料可以使某株玉米枞增加 10% 的收获量,那么在其他变量不变的情况下,我们可以进一步推测,对于其他同种的玉米枞加入等量的化学肥料也应该会使收获量增加,如果收获量反而下降了,这表示加入化学肥料这个处理,其效用可为正,也可为负,处理值是不稳定的;也就是说,稳定单元处理值假定在此情况下是不成立的。

其次,这个假定的另一个含义是指受测单元彼此不受对方干扰；未接触到处理的受测单元，不会因为另一个受测单元接触到处理而受到影响；所以同侪效应（peer effect）和溢出效应（spill-over effect）都是典型的违反稳定单元处理值假设的情形。

再以课后数学补习班为例，如果接受辅导的学生进入没有参加课后辅导的班上，两组学生一起上课时，由于他们的程度可能受到补习课程的提升，能够更积极、正确地回答老师提出的问题，但也正因如此，老师会误判自己的教学效果，本来尚未解释清楚的概念，可能就不再解释了，如此一来，未参加补习班的学生因此受到影响，于是他们成绩低落不是因为没有参加补习，而是老师没有尽到授业解惑的责任，使他们对于课程内容不甚了解，当然，这也是参加补习的同学间接影响造成的。关于这点，可能的解决方式是以班级为单元，随机决定哪个班级的学生参与补习，如此一来，可以减低实验组和对照组学生（受测者）之间的干扰。

我们再通过一个国际经济学的例子来说明违反稳定单元处理值假定的情形。核心的因果问题是"出口导向"的发展模式是否能够促进一国的经济增长？"出口导向"发展模式为"处理"，受测单元为世界各个国家与地区，通过比较采用"出口导向"发展模式的国家（实验组）与不采用"出口导向"发展模式的国家的经济增长率，可以得出"出口导向"发展模式的处理效用。从世界经济发展史中可以了解到，拉丁美洲的巴西采用"出口导向"的发展模式，乃是受到东亚的韩国、中国香港、新加坡和中国台湾等国家与地区的启发，所以巴西领导人在选择发展模式时，势必度量国内经济发展的多项要素，并仔细研究东亚各国与地区操作该模式的经验，正因如此，即便巴西经济有所增长，我们也无法得出"出口导向的发展模式有助于经济发展"的结论，一是因为当初巴西选择"出口导向"发展模式并非一项随机选择(处理分配不是随机的),而是参考他国与地区经验,结合本国条件所作出的决定;二是其选择又受到其他各国与地区的干扰,是在参考东亚各国与地区实施该模式的经验之后,才推出适合本国的发展方式,所以处理实施的方式可能经过改良,处理值当然可能会不相同(不稳定)。所以稳定单元处理值假定在这个案例中完全不成立,得出处理效用的结论也不可信。

1.2.6 共变量分布平衡与重合的要求

虽然在控制适当共变量的条件下,我们可以忽略处理分配与潜在结果的关系,但是和回归分析一样,我们对共变量的分布仍然有相应的要求:共变量在实验组和对照组的分布必须是平衡的(balanced),彼此分布必须重合(overlap)。

仍以数学补习班为例,假设我们控制的共变量包括性别、身高、体重和参加培训之前的数学成绩,典型的实验组和对照组共变量分布不平衡的情况可能是这样的:参加补习班的男同学比女同学多,参加补习班的同学身高较矮,体重较重,参加前的考试成绩比较高,如此一来,我们回到了苹果和橘子的比较,两个组别无法对比,我们可以合理怀疑,除了参加补习班所造成的组间差异外,这些共变量可能也是造成这些差异的因素之一。所以简单检验假定式(1.9)成立与否,检查共变量在组间的分布是否平衡是重要方法之一。通常在实践中,我们会通过比较这些共变量在组间的均值和标准差的差异来断定是否平衡。关于这点,我们将在第 2 章详细介绍。

至于分布重合方面,顾名思义,就是实验组和对照组间分布必须重合,重合的区域范围称为共同支持域(common support region)。这里所说的分布是共变数之于结果变量的分布,我们称之为响应面(response surface),为什么响应面必须要重合呢? 图 1.1提供了较为直观的说明。图 1.1 虚拟了参加补习班前后差异的情况,假设只需要控制参加补习班之前的数学成绩,便可满足严格可忽略的处理分配假定。首先由图 1.1 左图来看,实验组(黑色实心点)与对照组(灰色实心点)响应面(黑色曲线)只在中间区块有部分重合,实验组中有参加补习班之前数学成绩就特别高的学生,而对照组则有成绩特别低的学生,所以如果用一般线性回归来适配这两组学生参加补习班前后成绩的关系,我们会发现回归线(虚线)在实验组高分的区块,无法很好地捕捉到高分学生参加补习班前后成绩的关系,而回归线在对照组低分的区块,也无法很好地捕捉到低分学生前后成绩的关系,实际上,适配两个组别的实际响应

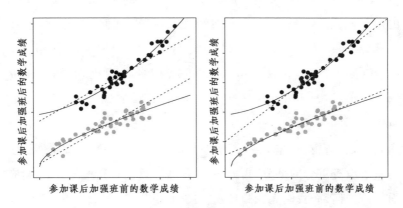

图 1.1 虚拟参加课后加强班前后数学成绩的差异

注:黑色实心点代表实验组样本,灰色实心点代表对照组样本,两条曲线分别代表各组的实际响应面,虚线则代表回归线。右图与左图的差异在于右图在回归方程中加入了处理与参加加强班前数学成绩的交叉项。参加补习班前数学成绩在实验组与对照组的分布存在不重合的情况。

面是两条曲线,所以在曲线转折的地方,也就是两个组别缺乏重合的地方,正是回归直线无法良好捕捉到的位置,如此一来,所得到的处理效用就会有偏差。

即便在回归方程中考虑到处理变量和共变量的交叉项(interaction term),产生偏差的问题仍然无法改变,图1.1右图即是加入"是否参加补习班"(处理)和"参加补习班前数学成绩"(共变量)交叉项的情况,两条回归线较之前的回归线确实能够更好地适配各自组别的响应面,但是通过比较两条曲线,不难发现偏差仍然出现在线的两端,所以加入交叉项也无助于偏差的改善。

响应面不重合会造成估计处理效用的偏差,而关键之处就在于不重合的部分,这个问题与因果推论的基本难题类似,我们在不重合的地方缺乏可比较的样本,所以在不了解实际响应面的情况下,无法使用任何适配模型解决这一问题。例如有人会使用不同的回归式,加入平方项、立方项和交叉项,或者使用非参数模型(nonparametric model),例如分类与回归树(classification and regression tree)分析法(Breiman et al, 1984)、随机森林(random forest)分析法(Breiman, 2001)和贝叶斯累加回归树(Bayesian Additive Regression Trees, BART)分析法(Chipman et al., 2010;Hill, 2011)等方法,来大幅改善对于非规则曲线响应面的适配,但是对于没有重合的部分,再好的模型也都只能是猜测对应的响应面应该如何,而我们无法验证这样的猜测。

解决不重合造成偏差的方法之一,就是保守地从重合的部分估计处理效用。图1.2直观地呈现了这样的限制所产生的效果。从图1.2左图来看,两条回归线虽然不是完美地适配响应曲线,但是差异并不大,右图则在回归方程中加入"是否参加补习班"(处理)和"参加补习班前数学成绩"(共变量)交叉项,显而易见,两条回归线几乎完美地适配响应曲线。这两张图说明,一旦我们将推论限制在响应面重合的部分,估算出的处理效用接近实际的处理效用,而且,即便是简单的线性回归方程也可以很好地适配响应曲线。由此可见,在估计处理效用时,实验组和对照组的响应面是否重合是非常重要的。

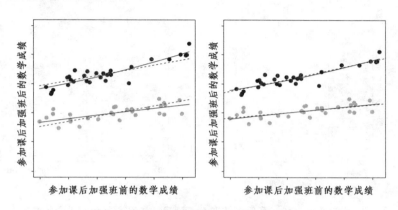

图 1.2 虚拟参加课后加强班前后数学成绩的差异

(将实验组与对照组的比较限制在分布重合的区块)

注:黑色实心点代表实验组样本,灰色实心点代表对照组样本,两条曲线分别代表各组的实际响应面,虚线则代表回归线,右图与左图的差异在于右图在回归方程中加入了处理与参加补习班前数学成绩的交叉项。

图 1.1 和图 1.2 的维度只有二维(x 轴和 y 轴),所以可以很直观地检验重合区块和平衡状况,但是一旦共变量数量增多,就无法轻易检验重合,关于这一点,将在第 2 章继续讨论;简单来说,倾向值是高维共变量的一维特征,便于我们处理和检验重合区块。

平衡和重合是两个完全不同的概念。平衡了共变量在组间的差异,并不代表各个共变量在响应面的分布就会重合;各个共变量在响应面的分布重合了,也不代表共变量在组间的差异就能平衡。图 1.3 图示出了这两个概念的不同。图 1.3 左图所呈现的是,实验组和对照组的群体在教育程度上完全重合,实验组和对照组在四类教育程度都存在人数不一的样本,但是很明显,两组各类人数比例的分布却大不相同,所以两组在教育程度上分布是不平衡的。

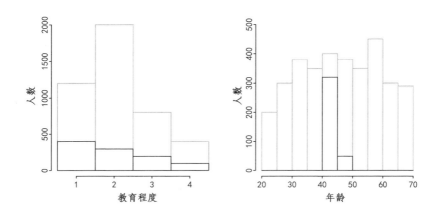

图 1.3　比较实验组和对照组群体在教育程度和年龄上平衡和重合的情况

注:实验组(黑色条状图)和对照组(灰色条状图)两组在教育程度上完全重合但是却分布不平衡;相反的,在年龄上缺乏重合,但是两组群体年龄的均值却趋同。

图 1.3 右图则呈现了与左图相反的情况。实验组和对照组的年龄均值都在 45 岁左右,因此至少从这个统计数值上来看,两组在年龄上的分布是平衡的,但是我们从图中观察可得知,实验组的群体大部分集中分布在 40—50 岁这个区间,缺乏与控制组在其他年龄区间的重合。在这种情况下,假使年龄是其中一个重要的共变量,我们应该保守地将推论限制在比较 40—50 岁这个区间的人群上,至于其他缺乏重合的年龄区间,任何推论都是过分大胆而缺乏依据的。

1.2.7　勿控制处理分配后的变量

1.2.4 节说明了控制混淆共变量的重要性,可以借此满足处理
分配的可忽略性,我们于是认为处理分配机制在这个条件下等同
于随机分配,据此估计的处理效用才是有效而无偏差的。但是必
须强调的是,这些共变量必须是发生在处理分配之前的,控制发生
在处理分配后的共变量,反而会使处理效用的估计值产生偏差。
这些发生在处理分配后的共变量,又往往发生在研究者所感兴趣
的主要结果变量之前,称为中介变量(mediators)或中间结果变量
(intermediate outcomes)。

以数学式来证明控制中介变量会造成估计处理效用的偏差是
容易的,我们假定中介变量 M 是发生在分配处理变量 Z 之后,且
发生在结果变量 Y 之前,我们同时控制其他发生在处理变量 Z 之
前的共变量 $\mathbf{X}$,假定我们可以一般线性回归来估计 M 与 Z 和 $\mathbf{X}$ 的
关系,如式(1.11):

$$M = \alpha Z + \gamma \mathbf{X} + \upsilon \tag{1.11}$$

我们也通过一般线性回归来估计处理效用,如式(1.12),方程式右
侧不加入中介变量 M:

$$Y = \tau Z + \beta \mathbf{X} + \varepsilon \tag{1.12}$$

假定我们不小心在方程式右侧加入中介变量,式(1.12)可以改写
成式(1.13):

$$Y = \tau^* Z + \beta^* \mathbf{X} + \theta M + \varepsilon^* \tag{1.13}$$

比较式(1.12)和式(1.13)中处理变量 Z 的回归系数(即处理效
用)可以发现,式(1.13)中的 τ 多了个星号,这表示两个 τ 是不相
等的,当然这是由于加入了中介变数 M 的缘故。为了解 M 对于 τ

等回归系数的影响,我们把式(1.11)带入式(1.13)中,我们得到新的式(1.14):

$$Y = \tau Z + \beta \mathbf{X} + \varepsilon + \theta(\alpha Z + \gamma \mathbf{X} + \upsilon) \qquad (1.14)$$

比较式(1.14)和式(1.12)后,两者的差异在于 $\theta(\alpha Z + \gamma \mathbf{X} + \upsilon)$ 这一项,也就是 M 加入式(1.12)右侧后的影响,因此也造成了估计处理效用 τ 时的偏差。

再以数学补习班为例,说明控制发生在处理变量后之中介变量的影响。假定我们控制的共变量中包含了学生每周学习数学的时间,显而易见,实验组的学生每周学习数学的时间一定会有所增加,他们的学习时间至少要在正常数学课的基础之上,再加上补习班上课的时间。所以参加补习班会增加每周学习数学的时间。每周学习数学的时间是发生在参加补习班之后,是这项研究中的中介变量。虽然在现实中,学习数学的时间长度的增加,不一定会使数学成绩提高,但是由于它是这项研究中的中介变量,发生在处理变数——参与加强班与否之后,我们一旦控制了学生每周学习数学的时间,因为参与补习班一定会增加学生每周学习数学的时间,我们就无法"干净"地获得参与补习班与数学成绩实际的处理效用;第一,估算的处理效用可能含有中介变量的影响;此外,真正的处理效用也许发生在中介变量和结果变量之间,好比之前所举的例子中,使用增高鞋增加身高,以及进行手术改变性别这样的情形。

总的来看,由于处理变量和中介变量间,除了彼此可能存在因果关系外,更大的可能是发生在不同时间同样的变量,因此,回到回归的视角来看,同时控制处理变量和中介变量会产生共线性(collinearity)的问题,所获得回归系数(其中包含处理效用)会因此失真而不准确。

1.3　小　结

本章介绍了推论因果的反事实框架——潜在因果模型。在实际操作中，由于因果推论的基本难题，研究者往往缺乏反事实结果，致使无法获得个体处理效用，而必须以平均处理效用代替因果推论的论述。即便如此，我们不论是从事实验研究还是观测性研究，都仍然必须通过假定来进行因果分析和获得平均处理效用。

单元同质性假定假设每个受测单元都是相同的个体；而可忽略性的处理分配则强调随机的分配处理，这样才能确保处理分配机制与潜在结果是独立而不相关的；稳定单元处理值假定则假设处理对于任一受测单元效果来说是一致而稳定的，任一受测单元接触处理与否并不会影响另一受测单元。以上几个假定在实验研究中比较容易达成，而在观测性研究中则不易实现。

潜在因果模型虽然为研究者提供了解决因果推论基本难题的反事实分析框架，但是对于社会科学学者来说，从事观测性研究来推论因果仍然要特别谨慎，因为使用的数据不能与实验研究所得的数据相比，很难同时满足以上提及的各项假定。

控制一切可能影响处理和结果混淆共变量的方法，虽然在一定程度上放宽了研究者找寻受测样本和分配处理的难度，但是与随机实验相比，原先获知结果的差异，仅仅需要比较单元接触处理的差异，而这个条件则加入了数个乃至数十个共变量的比较，并且仍须检验这些共变量的分布是否平衡和重合，这给因果推论的研究增加不少难度,尤其是在多数研究中,我们必须控制多个共变量才能满足可忽略性的处理分配的假定,这样多维的分析,几乎无法进行平衡和重合的检验,鉴于此,学界才发展出使用一维的倾向值分析来取代多维的共变量分析。

/ 第 2 章 /

使用倾向值匹配法估计因果效用

第 1 章概述了因果推论的一些基本概念和理论。简单来说，我们寻找的是一种可以平衡数据的方法，在进行数据分析前，预先将数据整理后，使实验组和对照组的样本符合因果推论的基本要求——两组之间除了处理变量外，其他变量间的差异是平衡的、无差异的。"倾向值匹配法"就是众多平衡数据方法中的一种，也是本章介绍的重点。

"倾向值匹配法"可以分为"倾向值"和"匹配法"两部分来讨论；"匹配法"就是针对实验组样本和对照组样本进行匹配，一般情况下，一对一地找出两两相似的配对，这样一来，在这组配对中，它们唯一的差别就是一个受到了实验处理，另一个则没有，所以比较这两个样本结果的差异，就是这个实验处理所产生的处理效用。在理想情况下，我们如果能找到一对在各方面都相同的样本（双胞胎），一个接触到实验处理，一个不接触实验处理，这样两者的差异就是处理效用，如此所得的处理效用是最纯粹的。

但这样的情况在现实中是很少见的，样本之间的差异，除了是否接触处理外，往往还存在其他不同的差异。所以在匹配样本时，通常会尽可能比较两样本间除了处理变量外的其他变量；例如，我们如果想要知道吸烟是否会提高罹患肺癌的概率，我们就会比较两类人群，一组吸烟，一组不吸烟，而为了找出相似的配对，我们可能会根据受测者的年龄、性别、身高、体重、职业、疾病史、运动习惯、生活环境等背景变量（background variables）进行配对，为了找到完美的配对，并排除其他可能致癌的因素，我们会尽可能地使用可观察到的变量进行匹配，我们使用这样的"精确匹配"（exact matching），最根本的目的就是希望当共变量（covariates）逐渐增多时，找到匹配的配对，形成"双胞胎"。但是在大多数情况下，共变量数量越多,要找到相似配对的可能性就越小,甚至可能找不到,为解决这个难题,学者们才发展出了"倾向值匹配法"。

倾向值(propensity score)就是某一个样本接受到处理的概率,我们通常会使用各类回归模型来求解倾向值,而这个回归模型所使用的共变量,也就是我们用来匹配样本的变量,所以,倾向值就是把多维的精确匹配简化成一维的倾向值匹配,这样一来,匹配的过程得到了简化,也更容易找到相似的配对,这就是倾向值匹配法的基本要义。

使用倾向值匹配法估计因果效用通常分为三个主要步骤:估计倾向值、匹配、估计处理效用。介于匹配和估计处理效用这两个步骤之间,我们通常还必须进行一连串检验,通过检验共变量分布的平衡和重合程度来判别匹配的效度,并进行敏感性分析,以确保样本没有选择性偏差的问题,如果不能通过其中一项检验,我们则必须考虑从头开始,重新选择相关的共变量来估计倾向值。因此,使用倾向值匹配法估计因果效用的标准作业流程如图 2.1 所示。

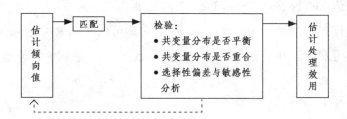

图 2.1　使用倾向值匹配法估计因果效用的标准作业流程图

以下将分别深入讨论倾向值和匹配这两个主题,第 2.1 节概述倾向值的性质,第 2.2 节讨论不同的匹配方法,第 2.3 节则讨论使用倾向值匹配后的相关检验,第 2.4 节则介绍匹配后估计处理效用的方法。

2.1 倾向值

倾向值 $e(\mathbf{X}_i)$ 是某一个样本 i 接受到处理的概率,假定这个处理是个二元变量,则倾向值是一个接受或不接受处理的指标变量(indicator variable),我们可以将倾向值 $e(\mathbf{X}_i)$ 以式(2.1)的方式表达:

$$e(\mathbf{X}_i) = \Pr(Z_i = 1 \mid \mathbf{X}_i) \qquad (2.1)$$

以文字表达式(2.1)即是:当控制接受处理前所有可以观察到的共变量 $\mathbf{X}_i$ 的条件下,单元 i 接受处理($Z_i = 1$)的概率。

它最明显的特征就是当 $\mathbf{X}_i$ 包括不止一个共变量时,即维度很多时,倾向值 $e(\mathbf{X}_i)$ 可以降维,把多维的共变量简化成一维的概率值。Rosenbaum and Rubin(1983)指出倾向值是一种极为粗略的平衡数值(the coarsest balancing score)[①],我们说它粗略,是因为倾向值仅仅是一个简单的一维概率值,但它却可以平衡实验组和对照组间可观察到共变量 $\mathbf{X}_i$ 的差异。

2.1.1 倾向值的性质

在随机实验中,实验组与对照组在理论上是完全相似的,唯一的差异在于只有实验组接触过处理,因此直接比较两组在结果变量上的差异,就是处理效用。但在非随机的实验中,或者社会科学

---

① 上一段提到的平衡值(balancing score)泛指用来平衡组间共变量差异的数值,倾向值即属于其中一类。

学者常使用的观察性研究中,由于两组间存在的差异可能不仅在于是否接触过处理,所以通过直接比较两组在结果变量上的差异,并不能得到真正的处理效用。因此,我们必须借助平衡方法(balancing measure)来平衡两组间的差距,比较平衡过的组间所得的处理效用。倾向值既然是某一个样本接受到处理的概率,它就包含着以下特性,让我们可以调整数据中样本的关系,获得接近实验室设计的处理效用。

倾向值能平衡实验组和对照组之间的差异。倾向值作为一种极为粗略的平衡值(Rosenbaum and Rubin, 1983),意味着一个实验组的样本和一个对照组的样本,一旦拥有相同的倾向值,这两个样本在可以观察到的共变量 $\mathbf{X}_i$ 上的分布是一样的,两者在共变量 $\mathbf{X}_i$ 上的差异是平衡的。两个样本即便有相同的倾向值,也不代表这两个样本就有完全相同的共变量 $\mathbf{X}_i$,通常情况下,它们有不一样的共变量 $\mathbf{X}_i$,在某些共变量 $\mathbf{X}_i$ 取值会有所不同,但却有相同的倾向值。

例如在数学补习班的研究中,一名来自小康家庭,父母都有大学学历的男学生,会与同样来自小康家庭,父母都有大学学历的女学生拥有同样的机会(倾向值)参加补习班(实验处理);因此,他们拥有相同的倾向值,但是在性别这个共变量上,却是不同的。

倾向值的这一特质为我们进行样本挑选或匹配带来了极大的便利。我们也许会有数十个共变量,如果追求精确匹配,可能到最后连一对相同的配对也找不到,但是通过倾向值这个一维数值去寻找匹配,就相对容易实现。

在控制倾向值的情况下,共变量是独立于处理分配的。换句话说,在实验组和对照组中,假定某对样本有相同的倾向值,它们虽然在不同组别,其对应的共变量分布是一样的。这个特质与前一个特质的描述类同,都指向同一个意涵,也即在控制倾向值的情况下(有相同的倾向值的情况下),样本分配到处理的概率是相同的。这种独立的特质以数学式表示即为式(2.2):

$$\mathbf{X} \perp\!\!\!\perp Z \mid e(\mathbf{X}) \tag{2.2}$$

倾向值所对应各组结果变量的期望值的差值(均值的差),等于其所对应各组间结果变量差值的期望值(差的均值)。 各组间结果变量差值的期望值即平均处理效用(ATE);因此,对于具有相同倾向值的单元来说,实验组和对照组间结果变量的均值的差,是该倾向值上平均处理效用的无偏估计。这一特性是结合以上两个特性和严格可忽略的处理分配假定[式(1.9)]所得。我们可以重新改写式(1.10),以倾向值 $e(\mathbf{X})$ 取代共变量 $\mathbf{X}$,并应用严格可忽略的处理分配假定:

$$= E(Y^1 \mid e(\mathbf{X}), Z = 1) - E(Y^0 \mid e(\mathbf{X}), Z = 0)$$

$$= \underbrace{E(Y^1 \mid e(\mathbf{X})) - E(Y^0 \mid e(\mathbf{X}))}_{\text{倾向值所对应各组结果变量的期望值的差值}}$$

$$= \underbrace{E(Y^1 - Y^0 \mid e(\mathbf{X}))}_{\text{倾向值所对应各组结果变量差值的期望值}} \tag{2.3}$$

$$= E(\tau \mid e(\mathbf{X})) = \widehat{\text{ATE}} \mid e(\mathbf{X})$$

2.1.2 估计倾向值

式(2.1)表达的是倾向值在二元处理变量情况下的概率表达式。我们可以将式(2.1)改写成式(2.4),以适用包含二元处理变量之外,其他处理变量的情况:

$$e(\mathbf{X}_i) = \Phi_\psi(Z_i \mid \mathbf{X}_i) \tag{2.4}$$

所以,倾向值 $e(\mathbf{X}_i)$ 是在控制共变量 $\mathbf{X}_i$ 的条件下,处理变量 Z_i 的函数,至于如何求解 $\Phi_\psi(Z_i \mid \mathbf{X}_i)$ 函数,则要看 Z_i 是何种类型(何

种分布 ψ ）的变量。

Z_i 处理变量不外乎是二元型（binary）、连续型（continuous）、定序型（ordinal）、类别型（nomial）等几类，目前市面上的统计软件大都支持求解上述类型的回归模块。所以求解 $\Phi_\psi(Z_i \mid \mathbf{X}_i)$ 函数，以获得倾向值 $e(\mathbf{X}_i)$，都可以通过统计软件来实现。

一般来说，我们都会使用参数回归模型（parameterized regression models）来求解倾向值。虽然说倾向值是一种极为粗略的平衡值，但是它涉及在控制共变量 $\mathbf{X}_i$ 的情况下，处理 Z_i 分配到样本 i 的概率；所以如何尽可能找到适配 Z_i 与 $\mathbf{X}_i$ 关系的模型，会影响到倾向值的准确度，进而影响因果关系的估计。

然而，我们无法得知 Z_i 与 $\mathbf{X}_i$ 真正的关系，所以不同的参数假定所求得的倾向值，在某些情况下会有明显的差距；换言之，如何找到正确的参数回归模型，并据此估计出最佳的倾向值，是我们进行因果推论必要的前提条件。因此，一项好的应用倾向值的研究，往往会被要求加入对参数设定的稳定性检验（robust test），说明使用不同的参数设定，并不会造成研究结果太大的差异。于是乎，有些研究者会使用非参数模型来求解倾向值，其目的无非是在求得更精确的倾向值的同时，摆脱对参数假定的依赖。常见的非参数模型如分类与回归树（Classification and Regression Tree）分析法（Breiman et al,1984）、随机森林（Random Forest）分析法（Breiman,2001）和贝叶斯累加回归树（Bayesian Additive Regression Trees，BART）分析法（Chipman et al,2010；Hill,2011）等。

以下是使用参数回归求解倾向值的理论概述，这些参数回归大都可以通过一般统计软件来实现，不关心背后理论的读者，可以选择跳过以下概述部分，直接阅读第 2.1.1 节。

使用参数回归模型估计倾向值

- 如果 Z_i 是个二元型变量，我们可以使用逻辑斯特回归（logistic regression）来获得 $e(\mathbf{X}_i)$：

$$\Phi_\psi(Z_i \mid \mathbf{X}_i) = \mathrm{logit}^{-1}(\mathbf{X}'_i\boldsymbol{\beta})$$

  其中 $\psi = \boldsymbol{\beta}$，回归系数 $\boldsymbol{\beta}$（coefficients）则从逻辑斯特回归中估计获得[①]。

- 如果 Z_i 是个连续型变量，我们可以使用常态线性回归（normal linear regression）来获得 $e(\mathbf{X}_i)$：

$$\Phi_\psi(Z_i \mid \mathbf{X}_i) \sim N(\mathbf{X}'_i\boldsymbol{\beta}, \hat{\sigma}^2)$$

  其中 $\psi = (\boldsymbol{\beta}, \hat{\sigma}^2)$，回归系数 $\boldsymbol{\beta}$ 和残差 $\hat{\sigma}^2$（residual errors）则从常态线性回归中估计获得。

- 如果 Z_i 是个定序型变量，我们可以使用有序逻辑斯特回归（ordered logistic regression）（McCullagh，1980；Congdon，2005）来获得 $e(\mathbf{X}_i)$[②]：

$$\Phi_\psi(Z_i \mid \mathbf{X}_i) = \mathrm{logit}^{-1}(\mathbf{X}'_{i,k}\boldsymbol{\beta} - c_k) - \mathrm{logit}^{-1}(\mathbf{X}'_{i,k-1}\boldsymbol{\beta} - c_{k-1})$$

  其中，k 是处理变量的序级（level），$\psi = (\boldsymbol{\beta}, c)$，回归系数 $\boldsymbol{\beta}$ 和截断点 c（cut points）则从有序逻辑斯特回归中估计获得。

- 如果 Z_i 是类别型变量，我们可以使用多项逻辑斯特回归（multinomial logistic regression）（Congdon，2005），来获得 $e(\mathbf{X}_i)$：

---

① 二元变量也可通过 Probit 回归求解，一般情况下，无论是逻辑斯特回归或是 Probit 回归，对于 Z_i 的估计值并不会差距太大。

② 次序型变量也可通过有序 Probit 回归求解，一般情况下，无论是有序逻辑斯特回归或是有序 Probit 回归，对于 Z_i 的估计值并不会差距太大。

$$\varPhi_{\psi}(Z_i \mid \mathbf{X}_i) \sim \text{Multinomial}\left(\frac{\exp(\mathbf{X}'_i\boldsymbol{\beta})}{\sum \exp(\mathbf{X}_i\boldsymbol{\beta})}, 1\right)$$

其中 $\psi = \boldsymbol{\beta}$，回归系数 $\boldsymbol{\beta}$（coefficients）则从多项逻辑斯特回归中估计获得[①]。

综上所述，我们仔细观察即可得知，无论处理变量的类型为何，都可以使用 $\mathbf{X}'_i\boldsymbol{\beta}$ 来平衡样本 i 在不同组间的 $\mathbf{X}_i$ 上的差异（Joffe and Rosenbaum，1999；Imbens，2000；Lu，Zanutto，Hornik and Rosenbaum 2001；Hirano and Imbens，2004；Zanutto，Lu，and Hornik，2005），简单来说，倾向值即是共变量的一维特征值。

2.2　匹配法

匹配就是将分别处于实验组和对照组，但具有相同或近似倾向值的样本，匹配成为配对（matched pairs）。虽然倾向值可以大幅降维，将多维的共变量简化成一维的数值，但如果严格地使用一对一比对相同倾向值的匹配方法，我们最终的样本数可能会大幅减少，甚至找不到匹配；当实验组样本数多于对照组样本时，或者当对照组样本多于实验组样本时，此时一对一匹配，就会发生有些单元找不到匹配的情况。此外，虽然使用一维的倾向值比使用多维的共变量在匹配时更为容易，但这并不意味着我们就可以找到拥有相同倾向值的配对。应对以上可能发生的两个难题，学者们发展出不同的匹配方法。

---

① 类别型变量也可通过多项 Probit 回归求解，一般情况下，无论是多项逻辑斯特回归还是多项 Probit 回归，对于 Z_i 的估计值并不会差距太大。

一般来说,匹配方法主要的不同之处体现为以下四点:

①使用相同倾向值匹配或使用相似倾向值匹配?

②使用相似倾向值匹配时,如何计算样本间的距离(相似程度)?

③选择一对一或选择一对多匹配?

④如何调整重复被匹配样本的权重?

不论使用何种匹配方法,我们都可以使用式(2.5)来表达估计得到的匹配后实验组的处理效用(treatment effect on the treated,TT):

$$\hat{\tau}_{TT,\text{matched}} = \frac{1}{n^1} \sum_i \left[(y_i \mid Z_i = 1) - \sum_j \omega_{i,j}(y_j \mid Z_j = 0) \right] \quad (2.5)$$

其中,n^1 代表实验组的样本量,i 和 j 分别代表实验组和对照样本序的指标,$\omega_{i,j}$ 则调整重复被匹配对照组样本的权重;$\omega_{i,j}$ 在不同的方法中有不同的设定。

在这里必须进一步说明的是,$\hat{\tau}_{TT,\text{matched}}$ 与实验组的平均处理效用(Average Treatment Effect on the Treated,ATT)是相通的,ATT可以通过式(2.6)体现:

$$
\begin{aligned}
\text{ATT} &= E(Y^1 - Y^0 \mid Z = 1) \\
&= E(Y^1 \mid Z = 1) - \underbrace{E(Y^0 \mid Z = 1)}_{\text{无法观测到的情况}} \\
&= E(Y^1 \mid Z = 1, e(\mathbf{X})) - \underbrace{E(Y^0 \mid Z = 0, e(\mathbf{X}))}_{\text{匹配的对照组样本}}
\end{aligned}
\quad (2.6)
$$

由于在实验组的样本中,我们无法观测到它不接受处理的情况 $E(Y^0 \mid Z=1)$,因此我们使用倾向值匹配法,在可忽略处理分配的假设下,选择对照组中的样本 $E(Y^0 \mid Z=0)$ 来替代 $E(Y^0 \mid Z=1)$。

2.2.1　精确匹配法

精确匹配法（Exact Matching）是最基本的匹配法，其基本原理就是在实验组和对照组之间，寻找相同的倾向值进行匹配。精确匹配法寻找的是相同的倾向值，所以它无法解决没有相同倾向值的情况；如果对照组的样本找不到匹配，我们可以选择丢弃该样本，或者将它的权重给定为 0；同理，如果实验组的样本找不到匹配，我们也可以选择丢弃该样本。但是，这是个昂贵的选择，因为多数情况下，对某样本施予处理，就涉及额外的成本，无论如何，当涉及丢弃样本时，除了要考虑样本获得不易，还必须面临由此产生的另一个后果，即估算出的处理效用低效率的问题。①

如果精确匹配采用一个实验组样本匹配一个对照组样本，我们是无法解决上述两个难题的。尤其在某些情况下，样本在不同实验组间会有相同的倾向值，但是组间的样本数却不一定相等；例如 1 个实验组与 3 个对照组的样本有一样的倾向值，或者 3 个实验组样本与 1 个对照组的样本有一样的倾向值。对于这种情况，我们可以不采取一对一匹配的方式，而采取一对多的匹配。如此一来，除了缺乏相同倾向值的样本外，我们可以尽可能使用数据中的样本，使其得到最大化的使用效用。当然，被重复使用的样本必须通过权重调整，例如 1 个实验组样本匹配了 3 个对照组样本，对照组的样本就必须乘上 $\omega_{i,j} = \dfrac{1}{3}$ 的权重。

---

① 样本数 n 在标准误差的公式中处在分母的位置，所以当 n 越小，标准误差值就越大，因此效率越低。

2.2.2　最近邻匹配法

最近邻匹配法(Nearest-Neighbor Matching)解决了精确匹配法找不到相同倾向值的问题。其基本原理是在实验组和对照组间,寻找"相似的"倾向值进行匹配。这个方法最原始的版本是将实验组和对照组的样本依照倾向值大小排序,如果对照组样本可以替换重复使用,则实验组样本匹配倾向值最近似它的对照组样本;如果对照组样本不能替换重复使用,则须确保每个实验组样本依序匹配对照组的样本,每一个对照组样本只能匹配一个实验组样本。后一种方法容易造成匹配度不高的情况。

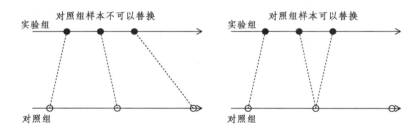

图2.2　图示最邻近匹配法对照组样本可替换和不可替换的情况

注:实心点是实验组样本;空心点是对照组样本,箭头方向表示倾向值的大小由左至右升序排序,虚线连接的是样本匹配的对象。当样本可替换时,实验组和对照组样本匹配度(倾向值近似度)高于样本不可替换的情况。

以图2.2为例,在一个虚拟的三对三的样本空间中,实验组和对照组的样本分别按照倾向值的大小,由左至右升序排序,图2.2左图是对照组样本不可替换的情况,最左和中间的实验组样本分别匹配了最左和中间最邻近它们的对照组样本,至于最右的实验组样本,最邻近它的应该是中间的对照组样本,但是由于这个方法的设定是对照组样本一经匹配,就不能替换重复使用,于是它只能匹配下一个最邻近的样本,也就是最右的对照组样本,也因为这样的限制,匹配度不高,据此估计的处理效用便会有所偏差,毕竟这组配对并不是那么相似。当对照组样本可以替换重复使用时,如图 2.2 右图所示,最左的实验组样本可以匹配最邻近的样本,也就是中间的对照组样本,比较来说,图 2.2 右图所估计得到的处理效用偏差在理论上应该会比图 2.2 左图小。在图 2.2 右图的例子中,由于对照组中间的样本被重复使用两次,与第 2.2.1 节提到的情形类似,我们必须使用权重来进行调整,在这种情况下,权重是 $\omega_{i,j} =$ 1/2,左边的样本使用一次,则权重为 1。

重复使用对照组样本不一定总能减少偏差,在某些情况下,甚至会增加偏差。例如,假设在倾向值的一维空间中,有一群实验组样本分布在完全没有"邻近"对照组样本的空间上,为了匹配这些实验组样本,我们不得不重复使用"较为邻近"的对照组样本,即便它们的倾向值相差很大,这种不得已而为之的做法,反而扩大了处理效用的偏差,在这种情况下,我们可能必须考虑丢弃这些实验组样本。

为了避免上述匹配不佳的情况发生,卡尺匹配法(caliper matching)限制了实验组和对照组倾向值的最大可容忍差距,超过这个差距的匹配,应选择放弃,如果发生这种情况,我们陈述因果推论时,就必须如实报告,推论仅仅适用于数据的子集(subset)。

半径匹配法(radius matching)即属于卡尺匹配法的一种,任何对照组样本与某一实验组样本的倾向值的绝对差值小于设定的半径大小 r,即 $|\hat{e}(\mathbf{X})_j - \hat{e}(\mathbf{X})_i| < r$,那么这些对照组样本都会被选择来匹配实验组样本;大于 r 的则选择丢弃,至于被选中的对照组

样本,则给予相同的权重 $\omega_{i,j}=1$。关于半径大小的设定,目前市面上的软件应用这个方法时,其预设值普遍为 $r=0.01$,Rosenbaum and Rubin(1985)建议半径可以取值为 $1/4$ 倾向值的标准差,$r=1/4\sigma_{e(\mathbf{x})}$,其中 $\sigma_{e(\mathbf{x})}=\sqrt{(\sigma_1^2+\sigma_0^2)/2}$,$\sigma_1^2,\sigma_0^2$ 分别为实验组和对照组样本倾向值的变异量。

2.2.3　区间匹配法

区间匹配法(Interval Matching),又称子分类匹配法(subclassification matching)、分层匹配法(stratification matching)。首先使用分位数法将估计得到的倾向值分层或分类(Rosenbaum and Rubin,1984);Cochran(1968)建议最佳的五分位点或六分位点如图 2.3 所示,据此将数据分成几个区间,然后在各自所属的区间分别进行匹配。举例来说,假定数据被切分成五个区间,我们将在这五个区间内进行五个独立的匹配,每个区间内的样本给予相同的权重 $\omega_{i,j}=1$,最后将每个区间估计得到的处理效用加权平均后,得到总的处理效用,一般来说,权重是使用各区间内实验组的样本数估算得到的,如式(2.7)所示:

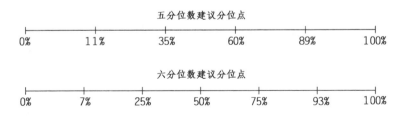

图 2.3　Cochran(1968)建议的五分位数和六分位数的最佳分位点

$$\hat{\tau}_{\text{interval}} = \sum_s \frac{n_s^1 \tau_s}{n_s^1}$$

$$\text{sd}\hat{\tau}_{\text{interval}} = \sqrt{\sum_s \frac{(n_s^1 \tau_s)^2}{(n_s^1)^2}} \qquad (2.7)$$

其中，s 是各区间的指标，n_s^1 是各区间实验组的样本数，τ_s 是各区间估计得到的处理效用，使用区间匹配法所估计得到的处理效用，我们将其称为区间特定处理效用（interval-specific treatment effect）。

在极端情况下，区间匹配法等同于最近邻匹配法。举例来说，假如我们将数据分成 s 个区间，每个区间仅存在一个实验组样本，在各区间分别使用最近邻匹配法，区间内对照组样本可以替换重复使用，加权平均后估计得到的各区间处理效用，也就是区间特定处理效用，等于不采用切分区间方式，直接使用最邻近匹配法所估得到的处理效用。很明显，这个等式成立的关键在于各区间必须有且仅有一个实验组样本。

2.2.4　核匹配法

核匹配法（Kernel Matching）是使用权重 $\omega_{i,j}$ 调整所有匹配到实验组样本的对照组样本，权重 $\omega_{i,j}$ 是通过核函数 $\kappa(\cdot)$ 转换计算对照组样本相对于实验组样本的距离（倾向值的差值）所得（Heckman, Ichimura and Todd, 1997a；Heckman, Ichimura, Smith and Todd, 1998；Heckman, Ichimura and Todd, 1997b），通过核函数转换的权重数学表达式如式（2.8），带入式（2.5）可以得到处理效用。

$$\omega_{i,j} = \frac{\kappa\left[\dfrac{\theta_{ij}}{h_n}\right]}{\sum_j \kappa\left[\dfrac{\theta_{ij}}{h_n}\right]}, \; \theta_{ij} = \hat{e}(\mathbf{X})_j - \hat{e}(\mathbf{X})_i \qquad (2.8)$$

其中,i,j分别为实验组和对照组的指标,θ_{ij}是对照组样本的倾向值与某一个实验组的倾向值的差值$\hat{e}(\mathbf{X})_j - \hat{e}(\mathbf{X})_i$,由于倾向值的差值介于±1之间,所以中心为0,分布在$[-1,1]$之间合适的核函数$\kappa(\cdot)$有 Normal、Uniform、Epanechnikov、Biweight 和 Tricube 几种,如图 2.4 所示,其中$u = \dfrac{\theta_{ij}}{h_n}$。式(2.8)中的分母一项,则是确保除以它之后,$\omega_{ij}$会是一个介于$[0,1]$的权重数值。

h_n则为带宽参数(bandwidth parameter),依照样本量n来调整倾向值的差值:当倾向值的差值$\theta_{ij} > h_n$,则$\theta_{ij}/h_n > 1$。除了 Normal 这个核函数外,在$|u| < 1$的条件限制下,$\omega_{ij} = \theta_{ij} = 0$,换句话说,这个对照组样本$j$实际上不会被匹配。又由于倾向值的差值在±1之间,所以带宽的设定在$[0,1]$之间即可,选择越大的带宽h_n,则估计所得的处理效用偏差可能越大,选择越小的带宽h_n,则估计所得的处理效用精确度(precision)可能越小(变异量越大),因此最佳的带宽应该是在偏差和精确度间找到一个平衡点。尽管如此,市面上的套装软件只有在使用 Epanechnikov 核函数时,才会激活使用带宽参数,如 STATA 软件中的 psmatch2 程序(Becker and Ichino,2002)中,仅仅针对 Epanechnikov 核函数式使用带宽参数$h_n = 0.06$。

简单来说,核匹配法的重点是通过核函数来调整权重,目的是更合理地调整每个对照组样本与任一实验组样本之间的距离(倾向值的差值),核函数与带宽参数的选择虽然会影响最终估计的处

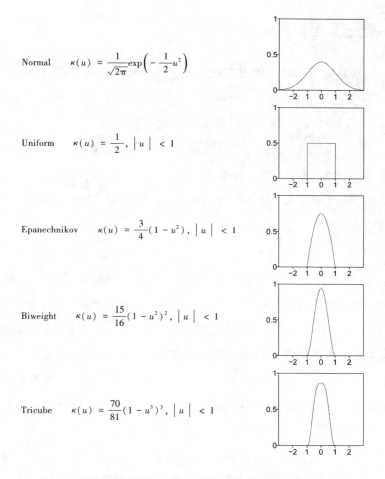

Normal $\quad \kappa(u) = \dfrac{1}{\sqrt{2\pi}}\exp\left(-\dfrac{1}{2}u^2\right)$

Uniform $\quad \kappa(u) = \dfrac{1}{2},\ |u| < 1$

Epanechnikov $\quad \kappa(u) = \dfrac{3}{4}(1-u^2),\ |u| < 1$

Biweight $\quad \kappa(u) = \dfrac{15}{16}(1-u^2)^2,\ |u| < 1$

Tricube $\quad \kappa(u) = \dfrac{70}{81}(1-u^3)^3,\ |u| < 1$

图 2.4 核匹配法常用的核及其对应的核函数和核密度图形

理效用,但 Smith and Todd(2005)研究发现,这些选择之间的差异并不大,也就是说,使用核匹配法估计的处理效用对核函数与带宽参数的选择是不敏感的(insensitive)。

2.2.5　马氏距离匹配法

在倾向值的概念提出之前,马氏距离(Mahalanobis distance)便应用于样本的匹配上(Cochran and Rubin, 1973; Rubin, 1976, 1979, 1980a)。马氏距离计算公式如式(2.9):[①]

$$md(\mathbf{X}_i\mathbf{X}_j) = \sqrt{(\mathbf{X}_i - \mathbf{X}_j)'\mathbf{\Sigma}^{-1}(\mathbf{X}_i - \mathbf{X}_j)} \qquad (2.9)$$

其中,$md(\mathbf{X}_i, \mathbf{X}_j)$ 表示任意两个单元 i 和 j 之间的马氏距离,$\mathbf{X}_i, \mathbf{X}_j$ 分别表示单元 i 和 j 的共变量矩阵,而 $\mathbf{\Sigma}$ 是单元 i 和 j 共变量矩阵的协方差矩阵(covariance matrix)。

马氏距离匹配法基本概念类似最近邻匹配法,不同的是,其基本算法为:首先使用共变量计算实验组样本 j 与所有对照组样本 j 的距离;之后,从中挑选马氏距离 md 最小的对照组样本进行匹配,然后进行下一个实验组样本匹配对照组样本的工作,直到所有实验组样本都有相匹配的对照组样本为止。此处特别需要注意的是,在以上四种匹配方法过程中必须考量的所有因素,马氏距离匹配法也必须考量,诸如:匹配是 1 对 1 或 1 对 n 的? 样本是否可以重复替换使用? 距离是否要设定一个上限或是使用卡尺?

马氏距离匹配法最大的问题是随着共变量数量的增加,两个单元间的平均马氏距离也会随之增加,因此增加了找寻匹配的难度,与使用共变量进行精确匹配所面临的难题如出一辙,解决这个问题的办法之一,就是转而使用倾向值匹配法。从匹配法的发展历史来看,大量应用倾向值匹配法的研究发表在马氏距离匹配法

---

① 在 Rubin(1979)一文中,马氏距离并没有开根号,即 $md(\mathbf{X}_i\mathbf{X}_j) = (\mathbf{X}_i-\mathbf{X}_j)'\mathbf{\Sigma}^{-1}(\mathbf{X}_i-\mathbf{X}_j)$,由于我们比较的只是两个单元间的距离差异,并且括弧内的数值开方后的结果是大于零的正数,所以开根号与否对比较结果并无影响。

问世之后,说明了研究者在面临这个难题时,在方法上所做的相应选择和应对。

比较来说,马氏距离匹配法可以最小化匹配两样本间各个共变量的差距,而倾向值匹配法最小化的则是匹配两样本间倾向值的差异,也就是共变量对处理分配的影响。换句话说,马氏距离匹配法可以更好地平衡实验组和对照组间共变量的差异,而倾向值则可以更好地平衡共变量对处理分配机制的影响。

既然两种方法各有所长,学者们便开发结合马氏距离匹配法和倾向值匹配法的方法(Rubin,2001;Rosenbaum and Rubin,1985)。例如使用马氏距离进行最近邻匹配,然后使用倾向值来计算卡尺,限制实验组和对照组样本间最大可容忍的差异,超过这个差异的样本就不在匹配的选择之中;另一种结合方式则是将倾向值加入共变量矩阵 $\mathbf{X}$ 中来计算马氏距离,然后再进行最近邻匹配。

2.2.6　贪婪匹配法与最佳匹配法

以上五种匹配法大致概括了目前主流的几种匹配法。在对照组样本不重复替换使用的情况下,这些方法也被称为贪婪匹配法(greedy matching)。贪婪匹配法主要依靠倾向值来估计实验组样本与对照组样本间的相似程度(距离),然后寻找与实验组样本最相近的对照组样本进行匹配。由于它总是试图为实验组样本寻找最相近的对照组样本进行匹配,因此被命名为"贪婪"匹配法。如图 2.2 左图所示,贪婪匹配虽然匹配的是最相近的样本,但是由于对照组样本不重复替换使用的原则;一旦某个对照组样本被匹配了,即便它是下一个实验组样本的最近匹配,这个实验组样本也只能选择下一个近邻的对照组样本进行匹配,结果自然会造成偏差;

总的来说,贪婪匹配法关心的是单一样本最近距离的匹配样本,并不考量所有匹配的总距离是否为最佳选择(Gu and Rosenbaum,1993)。

为了改进贪婪匹配法造成可能的偏差,最佳匹配法(optimal matching)便应运而生(Hansen,2004;Hansen and Klopfer,2006)。简单来说,最佳匹配法考量的是最小化所有匹配间距离的总和,因此对于每个实验组样本来说,它们匹配的不可能总是最近邻的样本,有的样本必须匹配第二乃至第三近邻的样本,如此一来,对于所有样本来说,总距离才有可能是最小的。最佳匹配法并不是完美无缺的匹配方法,Gu and Rosenbaum(1993)进行比较研究后发现,最佳匹配法在平衡共变量上不如贪婪匹配法,但它的确在最小化各配对间的总距离上表现更好。

2.3 匹配后的检验

一维的倾向值虽然协助了我们降维处理共变量过多的情况,但是这并不意味着我们就可以不去理会共变量分布平衡和重合的情况。使用倾向值匹配样本后,由于选择的匹配方法不同,我们可能会丢弃或选择某些对照组样本,换句话说,我们在估计处理效用前,已对数据进行了一次预处理,但是这个预处理的结果并不能保证它可以满足我们对于倾向值平衡数据的期待;相反的,很多时候,就像寻找最佳回归的参数组合一样,我们要通过不断的尝试与检验,才能找到最佳的倾向值和匹配设定。什么是最佳的倾向值和匹配设定?就共变量分布的平衡和重合来说,能够使共变量分布更佳的平衡,分布重合度更高,这就是最佳的倾向值和匹配设定。

使用倾向值匹配法一项主要的功能是消除选择性偏差,但这并不意味着使用该方法进行研究就可以完全避免选择性偏差。从理论上来说,成功的倾向值匹配法可以严格忽略处理分配的机制,然后简单地比较结果变量的差异就是处理效用,但我们是通过控制可观测到的共变量来使其符合严格可忽略处理分配的假定,如果其他的共变量对处理分配有显著影响,而研究者忘记控制它,或者它是无法观测到的,则该研究就无法宣称符合严格可忽略处理分配的假定,所估计得到的处理效用自然也就不可靠。因此,研究者在使用倾向值匹配样本后,必须检验研究是否仍然存在选择性偏差,进行敏感性分析。

以下几节分别详述分析共变量分布平衡和重合的策略,以及检验研究是否存在选择性偏差的敏感性分析。

2.3.1 共变量分布不平衡分析

尽管倾向值是共变量分布的一维缩影,通过匹配从理论上来说,因为实验组和对照组拥有近似的倾向值,我们由此可以合理预期,共变量的分布在两个组间是平衡的。在实际操作中,多数时候两组间共变量分布的确会较匹配前平衡不少,但是离最佳的平衡结果可能还是有差距的。至于怎样的平衡结果才是最佳的,学者们并没有给出绝对定论。但总的来说,只要有其他的方法能够使共变量分布在组间获得更佳的平衡,我们就必须穷尽一切方法来达成。因此,使用倾向值匹配法的研究,必须如实汇报共变量分布平衡的情况,如此才能说服读者,证明研究者所进行的是有意义的组间比较,而不是苹果与橘子之间的比较。

我们再以参与数学补习班的例子来说明共变量缺乏平衡的影响,假定学生参与补习前的数学成绩是关键的共变量 x,参与补习后的数学成绩是 y,处理效用为 θ,式(2.10)分别以数学式表示了实验组和对照组结果变量 y 与共变量 x 的线性回归关系:

$$\text{实验组}: y_i = \beta_0 + \beta_1 x_i + \theta + \varepsilon_i$$
$$\text{对照组}: y_i = \beta_0 + \beta_1 x_i + \varepsilon_i \tag{2.10}$$

求解式(2.10),我们可以得到 $\hat{\theta} = (\bar{y}^1 - \bar{y}^0) + \beta_1(\bar{x}^1 - \bar{x}^0)$,其中 $(\bar{y}^1 - \bar{y}^0)$ 是实验组对应结果变量的平均与对照组对应结果变量的平均的差值,而 $(\bar{x}^1 - \bar{x}^0)$ 则是实验组对应共变量的平均与对照组对应共变量的平均的差值,β_1 是共变量的线性回归系数。

如果共变量在两组间是平衡的,则 $(\bar{x}^1 - \bar{x}^0) = 0$,处理效用就是 $\hat{\theta} = (\bar{y}^1 - \bar{y}^0)$;相反的,如果共变量在两组间是缺乏平衡的,我们就不能忽略 $\beta_1(\bar{x}^1 - \bar{x}^0)$ 这一项不计,处理效用 $\hat{\theta}$ 是实验组对应的结果变量的平均与对照组对应的结果变量的平均差值,除此以外,还必须考虑共变量平均的差值乘上其回归系数。因此,假定共变量分布缺乏平衡,我们就不能单纯地依靠观察两组间结果变量的差异来求得处理效用。

共变量分布不平衡会迫使我们更依赖模型的参数设定。假定共变量分布平衡,那实验组和对照组之间唯一的差异就是接受处理与否;如果共变量分布缺乏平衡(lack of balance),如上述案例所表明的,我们必须考虑到共变量对于结果变量的影响。但影响还不仅限于此,假定共变量与结果变量之间存在的不是简单的线性关系,例如两者之间存在着曲线关系,在回归模型中就必须考虑加入二次项（甚至三次项），由于共变量分布不平衡，其所对应的二次项平均的差值及其系数，都会影响到处理效用的估计。

在变量分布的特征值中，最重要的是均值和标准差。因此，这两项统计数值自然也成为我们检验变量平衡与否的指标。假定共变量 X 在实验组和对照组的平均值和标准差分别为 μ_1, μ_0, s_1, s_0，我们可以建构一个标准化平均值差值 δ 来判断共变量在两组间是否平衡，其中 $\delta = \dfrac{\mu_1 - \mu_0}{s}$，而 $s = \sqrt{\dfrac{s_1^2 + s_2^2}{2}}$。在匹配前后我们都可以计算共变量 X 的 δ，由于是差值的统计值，因此，匹配后的 $\delta_{\text{匹配后}}$ 如果能较匹配前的 $\delta_{\text{匹配前}}$ 更接近于零，那么，我们就可以据此宣称这个共变量 X 在匹配后更加平衡。

图 2.5 是使用标准化均值的差值来检验匹配前和匹配后多个共变量平衡的情况。在实验组和对照组差异不是太大的情况下，标准化后均值的差值都会落在 ±5 之间，因此，标准化后更便于我们同时检验多个共变量平衡。整体来看，匹配后（实心点）共变量分布较匹配前（空心点）差异更小了（更为平衡了），匹配后的标准化平均值差值更趋近于零这条参考虚线。

然而，共变量在两组间的任何差异都是不平衡（imbalance）的表现。所以要检验共变量分布是否平衡，很难只通过检验共变量分布的均值和标准差来判断，例如图 2.6 左图显示共变量在实验组（黑色）和对照组（灰色）间的分布有着一样的标准差（覆盖区域相同），但是均值和密度函数却不同，实验组的分布是负偏峰分布（negative skew distribution），而对照组的分布是正偏峰分布（positive skew distribution）；图 2.6 右图则更突出地显示，仅使用共变量分布的均值和标准差来检验平衡情况是不够的，右图的情况

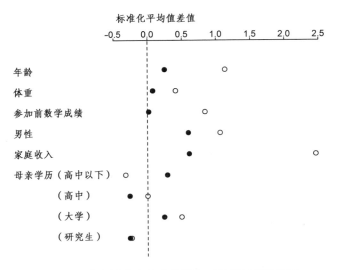

图 2.5　共变量分布在实验组和对照组平衡的情况

注:空心点代表匹配前各个共变量的标准化均值的差值,实心点则代表匹配后各个共变量的标准化均值的差值。整体来看,实心点大多分布在 0 点附近,说明匹配后共变量分布较匹配前更为平衡,其标准化平均值差值更趋近于零。

是两组的分布平均值相同,标准差相同,但是密度函数却不同(同图 2.6 左图,一个是正偏峰,另一个是负偏峰),所以从严格意义上来说,这两个分布还是缺乏平衡的。

　　除了以上方法外,还有一些统计检验方法可以协助我们检验共变量分布平衡的情况。例如使用 t 检验法(t-test),检验共变量在实验组和对照组均值(u^1, u^0)的差值是否显著,检验的原假设为 $H_0: u^1 = u^0$ 两个均值相等,备择假设为 $H^1: u^1 \neq u^0$ 两个均值不相等。如果检验结果是统计显著的,则拒绝原假设,接受备择假设,两均值是有差异的,因此共变量的分布是不平衡的。然而 t 检验法对于分布不平衡的检验是不完整的,它只检验了均值差值的差

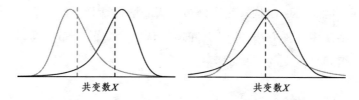

图 2.6　共变量分布在实验组和对照组间缺乏平衡的情况

注：黑色曲线代表共变量 X 在实验组的分布，灰色曲线则代表共变量 X 在对照组的分布，垂直虚线表示该分布的平均值。左图呈现出共变量 X 在实验组和对照组的分布缺乏平衡，虽然分布覆盖的区域一样，但是分布的均值和密度函数却不同；右图所显示的是另一种缺乏平衡的情况，虽然分布的均值和覆盖区域相同，但是分布的密度函数却是不同的。

异，无法检验分布的其他特征。例如图 2.6 右图的两个分布，由于两个分布拥有相同的均值，使用 t 检验法便无法否定原假设，因此会作出错误判断，认为两个分布是平衡的。

　　Kolmogorov-Smirnov 检验法使用不同的分布特征值检验两个分布的差异；它是基于累计密度函数（Cumulative Density Function，CDF），检验共变量在实验组和对照组的两个经验分布差异是否显著，检验的原假设为 $H_0 : F^1 = F^0$ 两个分布的 CDF 相等，备择假设为 $H_1 : F^1 \neq F^0$ 两个分布的 CDF 不相等，如果检验结果是统计显著的，则拒绝原假设，接受备择假设，两个经验分布是有差异的，因此共变量的分布是不平衡的。使用 Kolmogorov-Smirnov 检验法检验图 2.6 右图的两个分布，由此否定了原假设，因此正确判断出两个分布是不平衡的。

　　总的来说，不论是使用 t 检验法或者 Kolmogorov-Smirnov 检验法，使用倾向值匹配后，我们都是在寻求不显著的检验结果，也就是共变量的分布在实验组和对照组是平衡的。然而，任何一种方法都只能片面地检验共变量分布平衡的情况,因此,研究者最佳策略是多使用几种方法,才能更好地确认共变量的分布在实验组和对照组间是平衡的。

2.3.2　共变量分布不重合分析

共变量分布缺乏重合比缺乏平衡所造成的偏差可能更为严重。在第 1.2.6 节的讨论中,已说明缺乏重合与缺乏平衡是两个截然不同的概念:图 1.3 很好地图示了在共变量分布重合的情况下,其分布仍然可能不平衡(图 1.3 左图);在共变量分布平衡的情况下,其分布也可能仍然缺乏重合(图 1.3 右图)。

Adam Przeworksi(2007)的论文 "*Is the Science of Comparative Politics Possible?*" 指出,共变量分布缺乏重合时,必须更加依赖模型来估计缺乏重合部分的结果变数。Przeworski(2007)以分析政体与 GDP 成长率的关系为例;处理变量是政体,分为民主国家(实验组)和独裁(对照组)国家,结果变量是 GDP 成长率。经控制相关共变量后,估计得出各样本的倾向值,并据此进行匹配,最后得到新的样本。在检查共变量分布重合的情形时,他发现两个实验组在一阶滞后人均 GDP 这个共变量上缺乏重合,如图 2.7 所示。图 2.7 中两条曲线的差异就是处理效用,但是在匹配后,人均 GDP 超过 25 000 美元的样本中只剩下民主国家,我们可以使用不同的模型去推估超过 25 000 美元独裁国家的 GDP 成长率,但是这表示在缺乏重合的部分,使用不同的模型便会得到不同的处理效用。

一般来说,我们关心的是平均处理效用,假定在缺乏重合的部分偏差越大(由于缺乏重合,所以事实如何无从验证),与其他重合部分所得的处理效用平均后,自然也会造成偏差。关于缺乏重

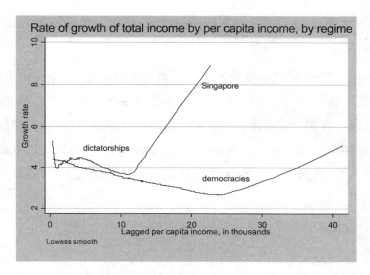

图 2.7　比较民主国家与独裁国家人均 GDP 与 GDP 成长率的关系

注：由于在非民主国家中，缺乏人均 GDP 超过 25 000 美元的国家，所以与民主国家在人均 GDP 这个变量分布上缺乏重合。图中使用 lowess 平滑曲线表示人均 GDP 与 GDP 成长率对应的二维关系，更好地图示了 GDP 成长率响应面在人均 GDP 上的实际分布。图引自 Przeworski（2007, 166）一文中图 6.3。

合的情况，最佳策略还是如第 1.2.6 节所建议的，放弃缺乏重合部分的因果推论，将推论谨慎地局限在重合的部分。

　　检验共变量是否缺乏重合并不容易。以上所举的例子都是一维乃至于二维的图形检验方式，一旦共变量数量众多时，或者缺乏重合的部分必须在多维的比较下才会显现出来，这都会让一般研究者无法得知缺乏重合的部分。从理论上来说，倾向值既然将共变量总结成一维的特征值，通过匹配，应该不会有缺乏重合和缺乏平衡的情形。然而在实际操作中，共变量缺乏重合和缺乏平衡的情况屡见不鲜，究其原因，是因为我们无从得知处理变量与其他共变量的真实关系，依赖的是一般的参数或非参数回归模型,所得到的是粗略的平衡值,理论与实际的落差在意料之中。

目前学者检验共变量重合情况研究的最新进展,是使用贝叶斯非参数回归模型估计倾向值,放宽处理变量与共变量之间的参数设定,并利用所得倾向值的标准误差来检验缺乏重合的情况,[1]文中使用蒙特卡罗模拟(Monte Carlo Simulation)方法和实例发现,这个方法可以很好地发现共变量缺乏重合的部分(Hill and Su,2013)。

小结

由于倾向值功能性的不足,它并非万能的,所以检验匹配后共变量分布的平衡和重合是必要的。倾向值的确可以协助我们平衡共变量的分布,并在一定程度上确保共变量分布的重合,让我们在推论因果时,可以确凿地宣称严格可忽略的假定成立,可以合理忽略处理的分配机制,可以合理忽略其他共变量可能对于结果的影响,让我们专注于比较实验组和对照组在结果上的差异,是为处理效用。

现有的检验方法也不能保证发现共变量缺乏平衡和重合所有的情形。作为研究者,能够做到的就是如实汇报匹配后,检验共变量分布平衡和重合的情形是否有改善。事实上,这也成为使用倾向值匹配法的研究,必要呈现的检验结果:使用什么方法去检验?检验结果是否较匹配前有所改善?

---

① 由于使用的是贝叶斯方法,因此估计得到的倾向值不是点估计,而是倾向值的分布,这里说的倾向值的标准误差即是从分布中求得的经验标准误差(empirical standard errors)。

2.3.3 选择性偏差与敏感性分析

倾向值匹配法分析过程中,除了检验共变量分布的平衡与重合外,还必须关注选择性偏差(selection bias)的问题。倾向值是控制共变量后,使用参数或非参数回归模型估计得来的,目的是通过控制这些共变量,较为合理地忽略掉一切可能影响单元获得处理的机制;换句话说,一切可能引起单元非随机性的获得处理的共变量,我们必须通过控制它们(放在回归方程式的右侧)来消除可能的选择性偏差。

举例来说,政府关心新的就业政策(处理变量)是否能促进第一次就业人口的成功就业(结果变量),就必须控制除了就业政策外的相关共变量,诸如性别、教育程度、学历专业以及拥有证照数目等共变量,才能获得无偏差的政策效果(处理效用)。假定这个政策推行前,进行政策试行并公开募集受测者,拥有数张证照的谋职者,可能会比没有证照者更易被选为受测者,原因之一,可能是这些人之所以拥有数张证照,是因为他们对于谋职有较高的积极性,所以会比一般人更为积极地参与可能提升就业机会的活动,进而选择加入受测(自我选择偏差)。如果我们忽略受测者拥有证照数目这个共变量,我们就会高估这个政策的成效(处理效用),因为这些受测者本来就比其他人有更高的概率成功就业。

上例所述的偏差属于显在的偏差(overt bias),可以通过控制相关共变量解决,然而研究者如果遇到隐藏性偏差(hidden bias),就很可能束手无策了。一来,无法获知究竟是什么原因造成偏差;二来,就算知道造成偏差的原因,也会由于无法观测到或测量到合适的共变量,因此无法将其控制。后者更是一般回归分析时会遭遇到的遗漏变量(omitted variable)问题。无论隐藏性偏差的成因为何,我们并没有有效的方法可以解决。不过,我们虽然无法控制隐藏性偏差对分析结果的影响,但仍然可以探究在无法控制遗漏变量的情况下,分析结果在存在选择性偏差的合理范围内是否依然稳健(robust)有效。这种迂回的分析方式就是所谓的敏感性分析(sensitivity analysis)。事实上,除了应用倾向值匹配法的研究外,Rosenbaum 和 Rubin(1983)建议研究者但凡使用观察性数据作研究时,必须常规地进行敏感性分析,这是由于此等研究为非随机性研究,可能存在选择性偏差的缘故。

敏感性分析的原理

Rosenbaum(2002)在书中提出了倾向值匹配法相应的敏感性分析原理。首先,他指出当两个受测单元 j 和 k 拥有相同的共变量 $\mathbf{X}$,但他们接触处理的概率 π(倾向值)却不相同时($\pi_j \neq \pi_k$),就会存在隐藏性偏差。对于这样的情况,敏感性分析即是探究不同程度的隐藏性偏差对处理效用所造成的决定性影响;也就是说,究竟要多大程度的影响才会改变这项研究的因果推论?

更具体来说,假设有两个受测单元 j 和 k,为了控制显在性偏差,我们控制了相关的共变量 $\mathbf{X}$,在 $\mathbf{X}_j = \mathbf{X}_k$ 的情况下,这两个受测单元极有可能被匹配成一对,但是如果它们接触处理的概率(倾向值)并不相同 $\pi_j \neq \pi_k$,则存在着隐藏性偏差。

从式(2.1)我们得知倾向值 $\pi = e(\mathbf{X}) = \Pr(Z_i = 1 \mid \mathbf{X})$,以逻辑斯特回归求解 π,如式(2.11):

$$\pi = \mathrm{logit}^{-1}(\mathbf{X}'\boldsymbol{\beta}) \tag{2.11}$$

$$\Rightarrow \log\left(\frac{\pi}{1-\pi}\right) = \mathbf{X}'\boldsymbol{\beta} \tag{2.12}$$

$$\Rightarrow \frac{\pi}{1 - \pi} = \exp(\mathbf{X'}\boldsymbol{\beta}) \qquad\qquad (2.13)$$

整理式(2.11)左右两项得到式(2.12),即单元接触处理发生比(odds)的对数 $\log\left(\frac{\pi}{1-\pi}\right)$ 等于共变量 $\mathbf{X}$ 与回归系数 $\boldsymbol{\beta}$ 的乘积;再进一步整理式(2.12)左右两项得到式(2.13),也即单元接触处理的发生比 $\frac{\pi}{1-\pi}$ 是以自然常数 e 为底数的 $\mathbf{X'}\boldsymbol{\beta}$ 的指数函数。式(2.11)、式(2.12)、式(2.13)的数学推导,将有助于我们更好地理解以下敏感性分析的叙述。

敏感性分析即假定单元 j 和 k 拥有相同共变量 $\mathbf{X}_j = \mathbf{X}_k$,它们接触处理发生比的比率(odds ratio)会介于 $\frac{1}{\Gamma}$ 和 Γ 之间,其中 $\Gamma \geqslant 1$,如式(2.14):

$$\frac{1}{\Gamma} \leqslant \frac{\dfrac{\pi_j}{1 - \pi_j}}{\dfrac{\pi_k}{1 - \pi_k}} \leqslant \Gamma \qquad\qquad (2.14)$$

接触处理发生比的比率(odds ratio)

当 $\Gamma = 1$ 时,表示单元 j 和单元 k 接触处理的发生比是相等的 $\frac{\pi_j}{1-\pi_j}$ $=\frac{\pi_k}{1-\pi_k}$,也就是说,它们拥有相同的倾向值 $\pi_j = \pi_k$,而 $\mathbf{X}_j = \mathbf{X}_k$,所以是不存在隐藏性偏差的;但如果假定 $\Gamma = 2$,而 $\mathbf{X}_j = \mathbf{X}_k$,则表示即便单元 j 和 k 非常相似,但单元 j 接触处理的发生比是单元 k 的两倍,也就是说,单元 j 存在两倍于单元 k 的可能性接触到处理。综上所述,Γ 即是测量隐藏性偏差使一项研究推论结果改变的程度;研究者应当考虑在 Γ 不同取值的情况下,因果推论会发生怎样的变化。

那究竟什么样的研究是敏感性较高的？关于这点,Rosenbaum (2002:107)有明确的定义,但是并不直观,读者必须细心解读。简单来说,Γ 趋近于 1,则该研究敏感性高,Γ 数值越大,该研究敏感性则越低。Rosenbaum(2002)指出,一般来说,在$\Gamma>2$ 的情况下,我们可以确认该研究敏感性低。

为什么不是 Γ 数值越低敏感性越低呢？我们再来仔细观察式(2.14)对敏感性分析的定义。假定不存在隐藏性偏差,造成即便 $\mathbf{X}_j = \mathbf{X}_k$,单元 j 和 k 接触处理发生比的比率不等于 1,也就是单元 j 和 k 接触处理发生比是不相等的$\frac{\pi_j}{1-\pi_j} \neq \frac{\pi_k}{1-\pi_k}$,因此我们的推论就可能会改变。但这个隐藏性偏差究竟要多大才能改变推论呢？由于单元 j 和 k 接触处理发生比的比率是介于 Γ 和 $\frac{1}{\Gamma}$ 之间,也就是说,当接触处理发生比的比率大于 Γ 或小于 $\frac{1}{\Gamma}$,我们的推论就会与原先假定不存在偏差的情况不同。因此,当 $\Gamma \approx 1$ 时,单元 j 和 k 接触处理发生任何微小的差异,都会使接触处理发生比的比率超出 Γ 和 $\frac{1}{\Gamma}$ 的范围;相反的,当 Γ 的数值非常大时,单元 j 和 k 接触处理发生比的差异也必须非常大,才有可能超出 Γ 和 $\frac{1}{\Gamma}$ 的范围,进而改变原有的推论结论。

综上所述,判读敏感性分析的标准是:当 Γ 数值越大,则该研究的敏感性越低;当 Γ 数值越小,则该研究的敏感性越高。一般来说,只要 $\Gamma > 2$,则该研究可以声称已免除隐藏性偏差的影响;换句话说,即便存在隐藏性偏差,但这个偏差所造成的影响并不足以改变原有的因果推论,所估计得到的处理效用是有效的。

　　我们再通过以下数学推导具体地来解释 Γ 这个数值。假定隐藏性偏差可以通过控制变量 u 来解决[(现实中变量 u 是无法观测到的),并将式(2.13)的结论代入式(2.14)可得式(2.15)]:

$$\cfrac{1}{\cfrac{\exp(\mathbf{X}'_j\boldsymbol{\beta} + \gamma u_j)}{\exp(\mathbf{X}'_k\boldsymbol{\beta} + \gamma u_k)}} \leqslant \cfrac{\cfrac{\pi_j}{1 - \pi_j}}{\cfrac{\pi_k}{1 - \pi_k}} \leqslant \cfrac{\exp(\mathbf{X}'_j\boldsymbol{\beta} + \gamma u_j)}{\exp(\mathbf{X}'_k\boldsymbol{\beta} + \gamma u_k)}$$

$$\Rightarrow$$

$$\cfrac{1}{\exp[(\mathbf{X}_j - \mathbf{X}_k)'\boldsymbol{\beta} + \gamma(u_j - u_k)]} \leqslant \cfrac{\cfrac{\pi_j}{1 - \pi_j}}{\cfrac{\pi_k}{1 - \pi_k}} \leqslant \exp[(\mathbf{X}_j - \mathbf{X}_k)'\boldsymbol{\beta} + \gamma(u_j - u_k)]$$

$$故: \mathbf{X}_j = \mathbf{X}_k \Rightarrow$$

$$\cfrac{1}{\exp[\gamma(u_j - u_k)]} \leqslant \cfrac{\cfrac{\pi_j}{1 - \pi_j}}{\cfrac{\pi_k}{1 - \pi_k}} \leqslant \exp[\gamma(u_j - u_k)] \tag{2.15}$$

其中,γ 是隐藏性变量 u 之于处理变量的回归系数。比较式(2.14)和式(2.15),我们可以得到 $\Gamma = \exp[\gamma(u_j - u_k)]$,$\Gamma$ 是以自然常数 e 为底数的 $\gamma(u_j - u_k)$ 的指数函数,所以影响 Γ 数值大小的因素是 γ 和 $u_j - u_k$;当 γ 或 $u_j - u_k$ 越大时,Γ 就会越大,敏感性就越低,当 γ 或 $u_j - u_k$ 越小时,Γ 就会越小,敏感性就越高。

敏感性分析的操作

操作敏感性分析的思考方式类似检验回归系数统计显著性一般,也是项反直观的思路,Rosenbaum(2002)发展了数个敏感性分析方法,包括 McNemar 检验、Wilcoxon 符号秩检验,以及 Hodges-Lehmann 点估计和区间估计等方法,各个方法的详细介绍,可以参见 Rosenbaum (2002)第四章的介绍,Gastwirth, Krieger and Rosenbaum(1998)和 Gastwirth, Krieger and Rosenbaum(2000)两篇文章详细的数学推导,以及 Rosenbaum(2005)概略地梳理观察性研究敏感性分析方法的发展与应用,本节不再赘述。目前各统计软件都有相应插件支持,可以协助研究者迅速地获得分析结果,本节将重点介绍各个敏感性分析方法背后的思路,其中包含以下几个步骤:

①假定处理效用是有效的,因此,在一组分别来自实验组和对照组的样本配对中,假定单元 j 和单元 k 拥有相同可观察到的共变量($\mathbf{X}_j = \mathbf{X}_k$),如果隐藏性偏差造成接触处理发生比的比率不同(因此单元 j 和单元 k 有不同的接触处理的倾向值),则这组配对对应的结果 Y 可能会不同(处理效用加上隐藏性偏差所致),称这个结果的差异为 δ_s。

②不同的敏感性分析方法会估算不同的 δ_s 统计数值,大致会用到的数值有差值 $Y_j - Y_k$、差值的正负符号、差值的绝对值 $d_s = \mid Y_j - Y_k \mid$、差值绝对值在所有 d_s 中的排序(秩),接触处理发生比的比率(对 $\varGamma$ 赋值求得,见第 3 点),无论何种方法,在不同组的配对中,我们可以得到不同的 δ_s,因此 δ_s 可以构成一个分布。

③使用 $\varGamma$ 估计 δ_s 的理论取值。$\varGamma$ 是隐藏性偏差对于推论造

成的影响 δ_s，由于我们无法观测到变量 u，无法估算这个影响的大小，但从式（2.14）中我们知道这个影响大小介于 $1/\Gamma$ 和 Γ 之间，一般来说会令 $\Gamma = 1$，然后逐渐增加 Γ 数值。既然 Γ 是研究者主动赋值，便可以使用它来计算不同 δ_s 的理论取值。

④进行无效假设检验（null hypothesis testing）。重点检验在逐步增加 Γ 后，处理效用 τ 是否有效。所以原假设 $H_0:\tau = 0$ 不存在处理效用；备择假设 $H_1:\tau > 0$ 存在处理效用，如果检验具有统计显著性，我们就否定不存在处理效用的原假设，并接受存在处理效用的备择假设，因此即便存在 Γ 程度的偏差，处理效用仍然有效；如果检验不具有统计显著性，我们就无法否定不存在处理效用的原假设，也就是说处理效用是无效的，这是由于在这种情况下，存在 Γ 程度的偏差。

⑤解读 Γ 大小对推论的影响。如果 Γ 必须要大到一定程度才能使不存在处理效用的原假设成立，那么就表示，相互匹配的两个单元 j 和 k 即便拥有相同的共变量 $\mathbf{X}_j = \mathbf{X}_k$，单元 j 必须要较单元 k 有 Γ 倍数的概率接触到处理，才有可能改变处理效用对于结果的推论，一般来说，Rosenbaum（2002）主张，$\Gamma > 2$ 就表示该研究通过了敏感性检验。

敏感性分析实例

本节借 Rosenbaum（2002）第四节引用的例子（Morton，Saah，Silberg，Owens，Roberts and Saah，1982），说明在实际操作中如何解读敏感性分析的结果，分析的方法是目前最多软件支持的 Wilcoxon 符号秩检验法（Wilcoxon Signrank tests）和 Hodges-

Lehmann 点估计和信用区间检验法(Hodges-Lehmann point estimates and confidence intervals)。一般来说,使用倾向值匹配分析法的研究,只要使用任一项敏感性分析法验证研究的因果推论不受潜在选择性偏差的影响,就是一项完整且可信赖的研究。

Morton, Saah, Silberg, Owens, Roberts and Saah(1982)的例子主要探究儿童血液中含铅水平与他们父母职业的因果关系,研究发现,如果父母是电池工厂的工人,这些儿童接触到铅的概率会比其他父母不在电池工厂工作的儿童更高,这是由于他们的父母工作中会接触到大量的铅(制作电池的原料),这些铅可能会随着衣物或者毛发携带回家,无形中增加了儿童接触到铅的概率。研究者在控制了儿童年龄及居住环境这两个共变量后,匹配了 34 组家庭[1],实验组儿童的父母均是在电池制造工厂工作的员工,而对照组儿童的父母则从事电池制造行业以外的其他工作。研究结果发现,实验组儿童血铅水平明显高于对照组儿童,父母在电池工厂工作会造成其孩童血液中铅含量上升。

这项研究最明显的问题在于仅仅控制了两个共变量,因此极有可能存在隐藏性偏差。[2] 表 2.1 列出了 Rosenbaum(2002)使用 Wilcoxon 符号秩检验法和 Hodges-Lehmann 点估计以及信用区间检验法分析 Morton et al.(1982)儿童血铅水平研究的敏感性分析结果。其中,Γ 是无法观测到的因素对于发生不同接触处理发

---

① 由于研究中途丢失了一位实验组儿童的血液样本,最后只对 33 对儿童进行了分析。

② Morton et al.(1982)在文中表示,前人研究已发现 1—7 岁男童和女童,血液中铅含量并无显著差别,所以研究中并没有控制性别这个共变量;此外,为了控制居住区域这个共变量,对照组家庭均从居所附近实验组的家庭中选择,因此无形中控制了社会和经济等背景因素,不言而喻,同一座大楼或小区的家庭之间,彼此社会经济背景差异应该不会太大;另外,控制居住区域无形中控制了儿童接触汽车排放尾气造成血液中铅含量的影响,这是由于居住地邻近,附近的交通状况类同,所以接触到汽车排放尾气的影响也是类同的。总的来说,由于以上理由,Morton et al.(1982)认为控制年龄和居住区域这两个共变数已然足够满足可忽略处理分配的假设。

生比的对数；sig$^+$和 sig$^-$分别是 Wilcoxon 符号秩检验显著性水平的上界和下界；$\hat{T}^+$、$\hat{T}^-$、CI$^+$和 CI$^-$分别是 Hodges-Lehmann 检验法点估计和 95%信用区间的上界和下界。

表 2.1　儿童血铅水平的敏感性分析结果

Γ	sig$^+$	sig$^-$	$\hat{T}^+$	$\hat{T}^-$	CI$^-$	CI$^+$
1	< 0.000 1	< 0.000 1	15	15	9.5	20.5
2	0.001 8	< 0.000 1	10.25	19.5	4.5	27.5
3	0.013 6	< 0.000 1	8	23	1	32.5
4	0.038 8	< 0.000 1	6.5	25	−1	37
4.25	0.046 8	< 0.000 1	6	25	−1.5	38.5
4.35	0.050 2	< 0.000 1	6	25.5	−2	38.5
5	0.074 0	< 0.000 1	5	26.5	−3	42

注：本表使用 STATA 软件中的 rbounds 程序复制 Rosenbaum（2002）第四章的结果。Γ 是无法观测到的因素对于发生不同接触处理发生比的对数；sig$^+$和 sig$^-$分别是 Wilcoxon 符号秩检验显著性水平的上界和下界；$\hat{T}^+$、$\hat{T}^-$、CI$^+$和 CI$^-$分别是 Hodges-Lehmann 检验法点估计和 95% 信用区间的上界和下界。

　　首先，观察表 2.1 中 Wilcoxon 符号秩检验的结果。当令 $\Gamma = 1$ 时，也就是匹配的单元接触处理发生比是相同的，表示该研究无隐藏性偏差，在这种情况下，Wilcoxon 符号秩检验的上界和下界的显著性都在小于 0.000 1 的水平（显著性标准是小于 0.05 即可），表示我们可以拒绝 $H_0:\tau = 0$ 的原假设，因此处理效用在无处理偏差的情况下是有效的，假定处理效用原先就是具有统计显著性的，应该可以通过 $\Gamma = 1$ 时的检验。当令 $\Gamma = 2$ 时，表示匹配的两个样本，由于隐藏性偏差的影响，一单元接触处理发生比是另一单元的两倍，Wilcoxon 符号秩检验的上界和下界的显著性仍然都在小于 0.05 的水平，所以当 $\Gamma=2$ 时，仍然无法拒绝原假设，因此处理效用依然有效。一直到 $\Gamma>4.35$ 时，Wilcoxon 符号秩检验显著性的上界才会大于 0.05，才能接受原假设，处理效用在这个情况下是无效的，隐藏性偏差的影响，致使匹配的两个单元接触处理发生比的差异超过 4.35 倍时，才能改变原先对于处理效用的结论；也就是说这个隐藏性偏差的影响必须非常大，才足以改变原先因果推论的结论，因此该研究对于隐藏性偏差影响的敏感性是非常低的，研究的结论是可靠的！

其次，观察表 2.1 中 Hodges-Lehmann 点估计和信用区间检验的结果。当令 $\Gamma=1$ 时，也就是假定该研究没有隐藏性偏差，则处理效用等于原先推导结果，父母在电池工厂工作的儿童，血液中铅含量比父母不在电池工厂工作的儿童高出 15 ug/dl（十分之一升），表 2.1 中显示 $\Gamma=1$ 时，Hodges-Lehmann 检验法的点估计上界和下界都是 15，这个点估计的 95% 信用区间［9.5：20.5］不包含 0，表示这个点估计是统计显著的，否定了处理效用是无效的原假设，因此处理效用是有效的。检验一直要到 $\Gamma>4$ 时，Hodges-Lehmann 检验法的点估计上界和下界分别是 6.5 和 25，95% 信用区间［-1：37］包含 0，表示这个点估计是统计不显著的，接受了原假设，处理效用是无效的，隐藏性偏差的影响，必须造成匹配的两个单元，它们接触处理发生比的差异超过 4 倍时，才能改变原先对于处理效用的结论；也就是说这个隐藏性偏差的影响必须非常大，才足以改变原先因果推论的结论，因此该研究对于隐藏性偏差影响的敏感性是非常低的，研究的结论是可靠的！

综合两个检验结果，Morton et al.（1982）的研究结论是可靠而有效的,两种敏感性分析方法均得出该研究对于隐藏性偏差影响推论结果的敏感性低,必须存在很大的隐藏性偏差才能改变原有推论的结果。

2.4　匹配后估计平均处理效用

一旦我们获得匹配后的样本,就可以估计处理效用。一般来说,我们关心的处理效用是平均处理效用(Average Treatment Effect,ATE),由实验组平均处理效用(Average Treatment Effect on the Treated,ATT)和对照组平均处理效用(Average Treatment Effect on the Control,ATC)组成①。前者是实验组样本接触到处理后,对于处理产生的反应,后者则是对照组样本接触到处理后,对于处理所产生的反应。研究者通常关心的是实验组平均处理效用,尤其在社会科学中,施政者关心新的政策(处理)是否有效,能否造成一定的影响,他所关心的是接触到处理的群众是否会对政策有反应,有什么样的反应;基于这些反应,他才能对政策的推行进行改进与检讨,至于未接触到处理的群众,自然不是政改过程中首先要关注的对象。

式(2.5)说明了匹配后 ATT 获得的方式,即实验组单元对于结果变量的观测值减去与其匹配对照组单元对于结果变量的观测值的平均,如果匹配的对照组样本被重复匹配,则其对应的观测值则通过权重 ω_{ij} 来调整。ATC 获得的方式是 ATT 获得方式的镜像,

---

① Average Treatment Effect on the Control(ATC)与 Average Treatment Effect on the Untreated(ATU)互为同义词,表达的是同一种估计值。

即将原来的对照组当成实验组（将处理变量指标由 0 换成 1），实验组则作为对照组（将处理变量指标由 1 换成 0），然后进行匹配，并依照式（2.5）获得新的 ATT，由于在这个过程中，我们将实验组和对照组进行了对调，所以 ATT 实际上是 ATC。如果我们进一步关心处理在全群体样本的效用（ATE），只需将 ATT 和 ATC 依照其样本量加权平均即可，如式（2.16）：

$$\hat{\tau} = \widehat{\mathrm{ATE}} = \frac{n^1 \times \widehat{\mathrm{ATT}} + n^0 \times \widehat{\mathrm{ATC}}}{n^1 + n^0} \tag{2.16}$$

其中，n^1 是实验组样本量；n^0 是对照组样本量。

2.4.1 使用回归模型估计平均处理效用

式（2.16）中的 ATE（$\hat{\tau}$）也可以通过简单的回归方程模型获得，依照结果变量的类型，使用不同的回归方程模型来估计 τ，如果结果变量（Y）是连续型变量，则如式（2.17）所示：

$$Y = \alpha + \hat{\tau}Z + \mathbf{X}'\boldsymbol{\beta} + \varepsilon \tag{2.17}$$

如果匹配后数据中的共变量是平衡而且重合的，则式（2.17）和式（2.16）中的 $\hat{\tau}$ 在理论上是完全一致的，因为这表示实验组和对照组样本除了处理变量外，其他方面都类同，$\boldsymbol{\beta}$ 回归系数就会趋近于零，表示共变量对于结果变量是没有影响的。然而，在实际操作中，这两个方法所获得的 $\hat{\tau}$ 存在差异，这主要还是由于我们无法消除处理变量以外的其他影响结果变量的因素，正因如此，在估计处理效用的回归方程中加入估计倾向值的共变量 $\mathbf{X}$ 是必要的，Robins 将此举获得的处理效用称为"双重保障的"（doubly protected）和"双重稳固的"（doubly robust）处理效用估计值（Bang and Robins，2005；Robins and Rotnitzky，2001）。所谓双重，即是在估计倾向值和估计处理效用的两个回归方程中都加入了共变量，控制其对于处理和结果变量的影响。

2.4.2　平均处理效用的标准误差

以上各种方法所求得的平均处理效用，其标准误差都是不正确的。首先，匹配会造成与匹配的样本高度相关，不过，如果在回归方程中加入用来匹配的共变量，可以修正这个问题；其次，使用倾向值进行匹配时，并未考虑倾向值估计值对于真实倾向值的误差；更遑论在复杂的匹配方法中（例如 1 对多的匹配法或者重复使用控制组样本的匹配法），标准误差公式中的样本量究竟该取值多少，学界仍然存在争议。

目前的解决之道是利用 Bootstrap 重复抽样的方式获得经验标准误差（empirical standard errors）或称稳健标准误差（robust standard errors）。具体操作步骤如下：[①]

①使用样本可重复替代的方式，对于样本量为 N 的数据，重新抽出新的样本量为 N 的数据。

②进行倾向值匹配法分析，获得平均处理效用。

③重复以上步骤 s 次后（次数越多，估计值越稳健，建议次数在 5 000 次以上），获得 s 组平均处理效用。

④计算这 s 组平均处理效用 τ_s 的标准误差是为平均处理效用的经验标准误差（稳健标准误差），$\mathrm{sd}(\tau_s)$。

很明显，重复抽样的步骤需要花费一段时间，所以，建议研究

---

① 贝叶斯回归模型包含重复抽样的步骤，使用它所估计得出的平均处理效用之标准误差即为经验标准误差，不需要再通过以上重复抽样的方式估计之。

者先确定估计倾向值的参数模型,检验共变量分布平衡和重合的情况,并在进行敏感性分析后,再进行重复抽样来估计平均处理效用的标准误差。

2.4.3　非二元处理下的平均处理效用

匹配样本的主要目的在于平衡样本间的差异。前面几节所述的情况,都是讨论在二元处理变量下的情况,其他类型的处理变量,由于没有明确类同二元处理变量对于实验组和对照组的界定,无法进行匹配,这些情况不在本书讨论范围之内。不过,简单来说,对于上述情况,仍然要使用倾向值(见第 2.1.2 节和相应的回归方程来估计这些类型处理变量对于结果变量的因果效用:首先,使用 Cochran and Gertrude(1950)建议的五分位点或六分位点将数据分为六至七个子分类(subclasses);其次,使用相应的回归方程分别估计各子分类内处理变数对于结果变量的回归系数,即为各分类内的处理效用;然后,依照各子分类的样本量,采用加权平均的方式结合各分类所得的处理效用[具体步骤参考第 2.2.3 节区间匹配法式(2.7)],是为总体的处理效用[详见(Kosuke and van Dyk, 2004)一文对于非二元处理变量下如何估计处理效用]。

2.5　小　结

本节首先介绍了如何使用参数或非参数的方式来估计倾向值,并介绍了不同的匹配方法,利用倾向值进行样本匹配,匹配后,估计处理效用则可通过比较实验组和对照组的平均差,并使用匹配获得的权重加权调整来获得,或者使用不同的回归式直接估计处理变量之于结果变量的平均处理效用。

市面上的软件可以实现大部分各类倾向值匹配法的分析,在实际操作的层面上并不困难。但和其他因果推论的方法一样,倾向值匹配法并不是解决因果推论的"万全之策",它只能协助我们估计处理效用(因果效用),不能真正解决"因"如何产生"果"的问题;可以协助我们了解"因"对于"果"的效用如何,但却无法使我们了解这背后的因果机制(causal mechanism),研究者必须通过其他方法,无论是定性的方法还是定量的方法,才能深入了解这条因果链背后丰富的故事。

这里,我们将依照分析倾向值匹配法的分析步骤,总结列出应用倾向值匹配法过程中常会出现的几个问题,说明应用倾向值匹配法即便在实际操作中并不困难,但其分析结果经常遭受到的诘问:

第一,匹配后,共变量的分布可能缺乏平衡、缺乏重合。如果在检验过程中,发现缺乏平衡和重合,必须重新回到匹配前的步骤,选择共变量并调整估计倾向值的回归方程和相关的参数设定。研究者必须在匹配后检查这两类问题,并如实使用图表,说明最后分析结果中共变量平衡和重合数据的情况。

第二,匹配后,即便共变量的分布平衡和重合状况良好,却可能发生选择性偏差的问题,或未控制应该控制的共变量缺失。如果问题无法通过控制先前未控制的共变量解决(因为不存在该共变量的观测值),则研究者必须进行敏感性分析以说明研究结果可以容忍多大程度的偏差,而不改变原先推论的结果。

第三,匹配后,就算共变量的分布平衡和重合良好,选择性偏差在可容忍的范围,控制了所有可观测到必要的共变量,还是有可能由于估计倾向值的参数回归式错误而造成偏差。假定处理变量与共变量之间并不是简单的线性关系,而是非线性关系,如果参数回归式没有考虑到这个因素,估计得到的倾向值自然不能良好地反映真实的处理分配,据此估计的处理效用自然会有偏差,在这个情况下,研究者必须重新考虑使用非线性的回归方程估计倾向值。

第四,匹配后,就算共变量的分布平衡和重合良好,选择性偏差在可容忍的范围,控制了所有可观测到必要的共变量,参数回归方程也适当地反映处理分配与共变量的关系,如果共变量的观测值存在观测值录入错误、缺失值、测量错误等杂讯,研究结果还是不可信。当然,这些问题发生在任何定量分析中,都会影响结果,研究者只能尽量确保共变量观测值的正确性,并减少缺失值对于结果的影响。①

即便以上的问题都解决了,使用观测性数据进行因果推论的社会科学家们,其研究设计和之后的数据搜集方式仍然是社会科学中因果推论研究的隐患,由于观测性数据及其研究设计本来就不是实验室数据和实验设计,所以研究者在处理分配随机化以及控制其他可能影响处理和结果变量之共变量上,难免存在力所不逮之处,容易被挑出处理分配有选择性偏差,遗漏控制某些重要共变量等数据上的问题,这种先天不足的数据问题,更是社会科学应用倾向值匹配法进行因果推论的根本性难题。因此,近年来,结合实验研究设计来搜集观测性数据,成为社会科学领域研究的主流。

总的来说,软件解决了因果推论研究技术上的难题,使得倾向

---

① 一般来说,对于缺失值可以采取插补的方式补上遗失的观测值,但由于我们进行的是因果推论研究,所以插补数据有额外的考量,例如使用多重差补法时,还必须考虑到插补过程中变量观测次序的问题,例如结果变量不适合用来作为插补发生在处理分配前的共变量,理由详见第1.2.7节的说明。

值匹配法在实际操作中并不困难。但是如何通过合理的研究设计去搜集数据，才是进行因果推论研究最需攻克的难点，上述诸多难点，都需要研究者深入了解数据并做出判断，然后如实向读者做出说明。倾向值匹配法只是工具，可靠的因果推论还是需要合理的研究设计。

/ 第 3 章 /

社会科学案例选读

3.1　案例评析重点

本章选取了四个案例，它们分别属于教育学、心理学、经济学和政治学领域。在这部分，力图通过对它们的点评，更进一步解释、说明倾向值匹配法在社会科学研究中的具体应用。点评的重点在于，分析案例使用何种类型数据，选择的处理变量和结果变量是否合适，应用何种倾向值匹配法，使用何种软件进行数据处理，是否进行共变量分布平衡和重合的检验，以及是否进行敏感性检验。选取的四个案例都有可取之处，但同时也存在不足之处，究其原因，可能是由于期刊篇幅的限制，此外，也说明倾向值匹配法在社会科学的应用上，仍然亟待完善。但无论如何，案例的成功之处和不足之处都值得我们借鉴，一方面可以通过学习案例在方法使用上的优点，以此获得实际操作层面的经验，另一方面，也以案例为镜，努力避免重蹈其覆辙。

3.2　教育学案例：计算机的使用对中学生数学成绩的影响

辛涛、邹舟（2010）在《教育学报》期刊撰文分析《中学生课堂计算机使用对其数学成绩的影响》，这篇文章问题意识非常明确，分析步骤也简明清晰，成功使用了倾向值匹配法，将既有研究计算机使用与学业成就相关关系的研究结论，推进到具因果关系的分析结果。然而,碍于文章篇幅所限,研究未能开展对于推论结果的敏感性分析,仅在结论中提及可能存在影响推论结果的因素;撰文者既然承认存在着其他潜在可能影响推论结果的因素,其推断因果的可信度也因此大打折扣。尽管如此,该文从问题的提出到应用倾向值匹配的分析步骤,都值得应用倾向值匹配的学者参照。以下摘录介绍辛涛、邹舟(2010)一文并进行解析。

例文

摘 要

在计算机使用对学业成就影响的研究中,研究者得出的结论是不一致的。这可能是因为现有研究多数未能控制其他影响变量,而只能说明计算机使用与学业成绩的相关关系。倾向分数方法是一种可做因果推断的统计方法。选取北京市 24 所中学所有七、八年级学生及其数学教师进行施测,运用倾向分数方法探讨学生计算机使用与数学成绩之间的关系。结果表明:在数学课堂中常使用计算机的学生,其成绩显著高于那些不使用或很少使用计算机的学生。

解析

摘要点明了研究目的:进行计算机使用对学业成就影响的因果推论。鉴于现有研究未能控制其他影响变量,所得结论仅为相关关系,所以本文通过倾向分数方法(倾向值匹配法)进行因果分析,得到如下结论:在数学课堂中常使用计算机(处理变量)的学生,其成绩(结果变量)显著高于那些不使用或很少使用计算机的学生。

一、引言

:

……,而在信息技术对学业成就的影响研究中,多数研究也更为关注学校课堂上计算机使用状况与学生学业成就之间的关系。这一类研究可分为两个方面:学生在课堂使用计算机与其学业成就的关系,教师在课堂应用计算机教学与学生学业成就的关系。研究发现,学生在校使用电脑时间/频率与学生成绩之间存在负向的关系。OECD 对 PISA2003 数据的描述统计分析发现,在校使用计算机在中等程度的学生,其学业成绩得分最高,而得分最低的是那些在校使用计算机最为频繁的学生。一种可能的原因是在学校接受计算机辅助教学的是那些成绩相对较差的学生,因此形成了上述的负相关。在教师使用信息技术方面,教师使用电脑来教授高级思维时能显著提高学生的学业成绩,而在教授低级思维时,其使用频率的增加会降低学生的学业成绩。而国内一些研究表明,教师使用计算机的频率或时间与学生的学业成绩之间没有显著关系。

引言部分首先说明了信息技术对于学业成就的重要性,之后解释了此类研究多专注于学生和老师在课堂使用计算机(电脑)与学生学业成就的关系。由此可见,虽然此前有一些研究发现,但在计算机使用与学生学业成就的关系上,学者们并无定论。

文中提到,造成计算机使用与学生成绩负相关的原因之一,是一项选择性偏差:接受计算机辅助教学的学生,没有不接受计算机辅助教学的学生成绩那么好,由此可见匹配法在这项研究的必要性,唯有匹配接受处理前的学业成绩,才能消弭实验组和对照组学生间的一些根本差异。

可见,尽管课堂教学中信息技术的应用是一个严肃的话题,但目前的研究结论并不一致。产生这种差异的原因可能是多方面的。<u>一个可能是部分研究没能较好地对混淆变量加以控制。</u>影响学生学业成就的因素是多方面的,所以要尽可能排除这些因素的影响后再来探讨信息技术应用对学生成绩的影响。<u>另一个可能的原因是,现有研究多采用描述统计、相关分析或回归等简单统计方法来说明信息技术应用与学业成就关系,只能描述状况,不能深入探讨信息技术应用与学生成绩之间的因果关系。</u>因此,本研究试图改进统计方法,得出具有因果关系的结论,进而更真实地展现信息技术应用对学业成就的影响。

倾向分数(propensity score)方法是近年来得到广泛运用、可以有效处理特征变量从而进行因果推断的一种统计方法。Rosenbaum 和 Rubin 在 1983 年提出倾向分数时所给出的定义是:倾向分数是个体 i($i = 1, \cdots, N$)在所观察到的协变量 x_i 下划分到处理组($Z_i = 1$)或控制组($Z_i = 0$)的条件概率。用公式表示即是:

$$E(x_i) = Pr(Z_i = 1 \mid X_i = x_i)$$

随即,本文点明,在此项研究中使用倾向值(倾向分数)匹配法,是必要且适当的,之后又简单梳理了倾向值匹配法的原理及分析步骤。

当两个体的倾向分数接近的时候（$Pr_a \approx Pr_b$），两个体的特征变量也趋于一致（$X_a \approx X_b$）。由上可知，倾向分数可以将全部的协变量整合为一个压缩的分数，通过比较匹配倾向分数，可以有效地均衡处理组和控制组的被试，使两组被试在特征变量上均衡一致，进而探讨分组变量和结果变量之间的关系。对于倾向分数的获得，一般采用判别分析或 logistic 回归的方法。当特征变量中包含二分变量时，多选用 logistic 回归的方法。计算倾向分数可分为两个步骤：首先以分组变量为因变量，选取特征变量做 logistic 回归，建立估计倾向分数的模型；然后根据个体的特征变量及估计出的模型参数，得到每个观察对象的倾向分数。

已有的研究主要介绍了三种倾向分数的应用方法：匹配法（matching）、分层法（stratification or subclassification）以及回归调整法（regression adjustment）。其中，匹配法和分层法是在观察研究中长期被用于消除选择性偏差（selection bias）的有效方法。

匹配法是从控制组中挑选出个体以匹配处理组被试的方法。从处理组逐次挑选被试，在控制组中寻找与此被试的倾向分数最为接近的全部被试，再随机从抽取出的全部被试中抽取一个或多个作为处理组被试的对照被试。这种方法常用于处理组被试数量较少而控制组被试数量较大的情况。……

综上，本研究将使用调查问卷和数学成就测验收集教师、学生的背景变量及学生的数学成绩，使用倾向分数的匹配法，在控制学生、教师相关变量的前提下，探讨学生课堂计算机使用状况与其数学成绩之间的关系。

二、研究方法

1. 被试

从北京市中选取四个区进行测查，按区域所在位置可划分为中心城区、城区、城乡结合部和远郊区。采用随机抽样方法，在四个区中共抽取24所中学的全部七、八年级班级，以学生班级为测查分析的基本单位，对测试班级内所有学生全部进行测查，共有10 541名学生和166名数学教师参与了此次调查。其中，七年级学生为5 464名，教师85名，八年级学生5 077名，教师81名。

本节最末，再次强调本文研究的问题：探讨学生课堂计算机使用状况(处理变量)与其数学成绩(结果变量)之间的关系。

据此，此项研究是北京市的研究结果，换句话说，推论结果仅适用于北京市的七、八年级中学生。

2. 测查工具

测查工具包括数学学业成就测验、学生问卷及教师问卷。本研究的测查工具采用密西根州立大学现有数学学业测验及学生、教师背景问卷的中文修订版。这套工具已在美国收集了数千名教师、二十多万名学生的数据，并且这套工具自编制以来已进行了两次修订，具有良好的信效度。学生问卷主要包括学生性别、年级、作业时间、课外辅导时间、数学学习兴趣与动机、学生家庭社会经济地位以及学生计算机使用状况等信息。教师问卷主要包括教师性别、教龄、学历、大学所学专业、职业发展活动等信息。

由国内的数学学科领域专家和熟悉国际大型测评项目的专家结合我国的数学课标、实际数学教学情况和文化背景，对工具进行翻译和修订的工作，之后又将翻译结果同美国专家进行了回译工作，以确保工具的有效性。

3. 变量选取

(1) 因变量

本研究的因变量是学生在数学成就测验上的原始得分。数学测验客观题采用机读卡进行评分，主观题根据专家制订的评分细则，选取在校研究生进行评分，并计算评分者信度。

此项研究采用的是美国同一领域的问卷，因此，研究结果可以进行跨国家、跨文化的比较，这是这项研究将来可以延伸的方向。将翻译成中文的问卷题目回译成英文，也是比较研究的标准作业程序，确保问卷题目的含义不会在翻译过程中流失。

因变量是学生在数学成就测验上的原始得分，自变量为学生在数学课上使用计算机的频率。因变量即结果变量，自

（2）自变量

本研究自变量为学生在数学课上使用电脑的频率，"基本不使用"编码为 0，为控制组；"使用或经常使用"编码为 1，为处理组。

（3）特征变量

通过 logistic 回归预分析，选取学生和教师两个层面共计 8 个特征变量：学生层面包括学生的年级、家庭藏书量、在校使用计算机时间以及学生所在地区，教师层面包括教师的教龄、性别、学历以及教师为演示教学材料而使用计算机的频率。

⋮

三、数据分析及结果

1. 工具分析结果

数学成就测验利用矩阵抽样技术进行设计，矩阵抽样是一种通过将测验题目的随机平行等份分配给随机选取的学生来估计测验总分统计量的一种技术。将一套完整的测试题目分割成九套试题册，每套试题册都包含有完整测试的部分内容，而九套试题册相互之间都是不一样的。参加测试的学生只需完成九套试题册中的一套试题即可。

变量即处理变量，建议应用因果推论方法时，在行文中尽量避免使用"自变量"和"因变量"这一对术语，最好使用"处理变量"和"结果变量"进行表述，能够更贴切地表达变量的基本内涵。

令人不解的是，作者既然在引言中提及，就已经意识到学生受测前的既有成绩可能影响结果，但在研究所控制的特征变量中，却不包含学生受测前的学业成绩，因此，推论结果可能存在偏差。

结果变量是学生数学成就测验的成绩。学生只需完成九套试题中的一套即可，为避免各套试题内容差异过大而影响结果的比较，作者在使用统计方法并咨询专家意见后，证明九套试题同质性较高，可以视为同一个结果变量来进行比较。

虽然从个体角度而言，并没有完成所有的测试内容，但是从参加测试的班级、学校等群体层面来看，一个群体内的学生都完成了所有的测试内容。采用克伦巴赫α系数对九套试题册的同质性信度进行考察，九套试题册的内部一致性系数为0.817~0.868，表现出较高的内部一致性，具体结果见表2。

本研究邀请了两位数学学科教育专家和三位从事中学数学教学实践的专家对十五套试题册从所测内容的范围和代表性、项目与所欲测量特质之间的关联性、题目形式对内容的适当性等若干方面进行分析评价，五位专家评价的一致性达到98.5%，表明测验的内容效度较高。

2.计算机配置基本情况

硬件配置是进行计算机化教学的先决条件。描述统计发现，四个区中，教室配备有计算机的班级比例均很高：在中心城区，几乎所有班级都配有计算机（在46个有效数据中，仅有一个未配备计算机）；在城区、城乡结合部和远郊区，配有计算机的班级也占到调查总班级数的85%~90%。而在北京教科院基础教研中心2001

教室配备计算机的比例在四个区比例均较高。这是对处理分配随机性必要的检查，假使教室配备计算机的普及率低，那么，不应用计算机教学的原因很可能是由于缺乏设备（非随机处理年的一项调查结果中,中小学班级配备计算机数仅占 2.1%。可见,近几年国家和社会十分重视基础教育中的信息化教学,从北京地区学校来看,大多数学校的硬件配置都较之前有了大幅度提升,如此大的投入是否能产生预期的效果,这也是我们后面的分析所要解答的问题。

3.学生课堂使用计算机频率对数学成绩影响分析

(1) 以学生在课堂使用计算机频率为因变量,建立估计倾向分数的 logistic 模型:首先将可能影响学生在课堂使用计算机频率的变量全部纳入 logistic 回归,筛选出在回归模型中显著的变量。表 3 是 logistic 回归结果,可以看出,在纳入回归方程的八个特征变量中,仅地区对分组变量的影响没有达到显著,其他七个变量均对分组变量有显著影响,说明在分析学生课堂使用计算机频率与学生数学成绩关系时,必须考虑到消除这些变量所带来的影响。然后根据确定的 logistic 模型,进一步估计出每个学生的倾向分数。

⋮

分配);反之,在教室配备计算机高普及率的条件下,我们就可以摒除缺乏设备所造成不应用计算机教学的情况。

处理变量为学生在课堂上使用计算机的频率,这是二元变量。作者在建立倾向值 logistic 回归模型时,提到共(协)变量的挑选原则是:"筛选出在回归模型中显著的变量",事实上这是没有必要的。研究者应尽最大可能纳入能收集到的共变量,不论它们在回归模型中显著与否,这都有助于实质上达成寻找实验组和对照组相似匹配的目的。

（2）根据所估计出每个个体的倾向分数，在分组变量上进行匹配，以保证匹配后的分组变量与倾向分数相互独立。前人研究中所使用的匹配法包括近邻法（nearest neighbor）、半径法（radius）、马氏距离法（Mahalanobis distance）和核法（kernel）。本研究所选用的方法是处理组和控制组单对单匹配的近邻法，此种方法能得到更为精准的匹配结果。共抽取出 715 对被试。

（3）对倾向分数匹配前后的特征变量进行均衡性比较：在控制组和处理组之间，比较匹配前后各特征变量上的差异。表 4 中列出了原始数据和匹配法抽取样本在各特征变量上的均衡性分析结果（地区变量在 logistic 回归中不显著，因此不再进行均衡性比较）。结果显示，在匹配之前，控制组和处理组在七个特征变量，以及所得出的 logit 分数上均存在显著差异，而按倾向分数匹配后，对数据的配对样本 t 检验发现，两组被试在各特征变量的构成比上基本一致，差异无统计学意义。

在 2.2 节讨论中曾经提到过，各个匹配方法在不同数据的处理中表现不同，因此，正确的分析方法是采用多种匹配方法，呈现分析结果在不同匹配方法下是稳定的（robust）。在某些情况下，单对单匹配的近邻法反而会产生偏差（可参考本书第 2 章图 2.2 的讨论）。

作者使用 t 检验法进行均衡性比较。匹配后，实验组与对照组（控制组）在各个共变量上大致平衡了，p 值均未达到显著性水平，所以接受原假设，两组的均值无差异。由于其中一些共变量是类别变数（且数目不小），建议另外使用 Kolmogorov-Smirnov 检验

　　(4)学生在课堂使用计算机与数学成绩之间关系分析。通过第 1 步和第 3 步的分析可以发现,所得出 logistic 模型中的特征变量与分组变量有较强联系,而在匹配倾向分数后可以有效地在分组变量上消除这些特征变量的差异。因此,可使用配对样本 t 检验方法探讨匹配后数据在数学成绩上的差异情况。具体结果见表 5。结果显示,在排除了学生年级、学生家庭藏书量、学生每周在校使用计算机时间、教师学历、教室是否有计算机、教师性别以及教师为演示教学材料而使用计算机时间这七个变量的影响后,学生在数学课堂中是否使用计算机与其数学成绩关系仍然显著——在课堂中使用或经常使用计算机的学生,其数学成绩高于那些很少使用或不使用的学生。

法检验连续型共变量,可以更进一步比较共变量在组间的平衡。此外,采用条状图的方式,图示检验这些共变量在两组间是否平衡。

与大多数的应用倾向值匹配法的文章类似,作者并未对结果变量在各个共变量上分布的重合情况进行检验。假设重合情况不佳,匹配后处理效用的估计值会产生严重偏差。值得一提的是,分析采用的是单对单的最近邻匹配法,这种匹配法对重合的要求特别高,必须进行重合检验,避免个别实验组样本在非重合区块所造成的偏差。

表 5 呈现了最后一个分析步骤——处理效

表 5　学生课堂使用计算机概率与数学成绩关系

	df	控制组（Mean）	对照组（Mean）	t 值	p 值
数学成绩	714	18.55	19.34	21.81	0.005

四、讨论

⋮

通过倾向分数的方法均衡处理组和控制组在七个特征变量上的差异之后，t 检验结果显示，在课堂中使用或经常使用计算机的学生，数学成绩要高于那些很少使用或不使用的学生。这个结果也与国外一些元分析的研究结论相一致。这可能是因为应用信息技术教学，使得教师导向的教学模式转变为着重以学生为中心的课堂教学模式，从而让学生更主动地参与到学习中来，提高了学生学习的积极性和学习动机。有相关研究在比较计算机化教学和传统教学中师生间互动关系时发现，在计算机化教学中，师生互动更加以学生为中心，并且呈现出个性化的特点。

……本研究仅以学生课堂使用计算机和学生成绩关系作了一定探讨，而学生使用信息技术的主要用途、教师对信息技术的使用状况及使用能力等都会对信息技术应用于教学的效果产生影响，此外尚有一些影响信息技术应用效果的因素未明晰，这就需要在这一领域进行更深入的研究，以求为教学信息化提供更加全面可靠的科学依据。

⋮

用。作者继续使用 t 检验法进行实验组与对照组在结果变数均值的比较，差异在统计上是显著的，说明在控制了文中所列的共变量后平均来看，在课堂上使用或经常使用计算机学生的数学成绩的确高于很少使用或不使用计算机学生的数学成绩。

作者在文末总结时，特别提出仍然有一些变量可能影响教学的效果，进而影响学生的学业成就（结果变量）。这点结论恰恰直指本研究缺乏敏感性分析步骤，因此这项研究的结论，在没有控制作者提到其他变量的情况下，在多大的程度上维持有效，文中并未提供必要的验证。而敏感性分析恰恰可以弥补这点不足。

如何提升学生学业成就一直是教育学研究中的重点。国内外应用倾向值匹配法进行此类因果推论的研究更是不胜枚举。然而影响学生学业成就的因素多如牛毛,辛涛、邹舟(2010)研究中仅仅控制七个共变量的分析,令人担心是否控制足够的共变量以满足严格可忽略处理分配机制的条件。更遑论在此类研究中,作者并未控制学生在受测前的成绩,这个典型的变量,提高了该研究存在选择性偏差的可能性。当然,数据收集不易,应该是作者选择少量共变量的主因。正因为如此,突显了应用倾向值分析法进行敏感性分析的必要性。

总的来说,这篇文章较好地应用了倾向值匹配法,且分析步骤很清晰。作者如果能进一步对其推论结果作敏感性分析,整个研究会更为完整,推论结果也会更具有说服力。

3.3 心理学案例:独生和非独生子女情绪适应的差异

苑春永、陈福美、王耘、边玉芳(2013)在《中国临床心理学杂志》期刊撰文分析《独生子女和非独生子女情绪适应的差异——基于倾向分数配对模型的估计》,这是一篇标准应用倾向值匹配法去重新检验文献上具争议的研究问题。苑春永、陈福美、王耘、边玉芳(2013)使用了倾向值匹配法重新分析数据后,澄清了中国独生子女和非独生子女在情绪适应上,是不存在差异的。然而,如同辛涛、邹舟(2010)一文,苑春永、陈福美、王耘、边玉芳(2013)也在文末坦诚分析所得的结论,很大程度依赖于可观察到的共(协)变量,因此,本文也缺少敏感性分析。事实上,这也是许多社会科学应用倾向值匹配法研究的共同问题。不过,苑春永、陈福美、王耘、边玉芳(2013)仅仅使用4页期刊篇幅就完成一项应用倾向值匹配法的分析,体现出研究问题明确,应用倾向值匹配法分析问题得到结论,并不是件困难的事。读者可以仿照苑春永、陈福美、王耘、边玉芳(2013)行文风格,在提出研究问题后,使用新的数据,便可以产生一篇应用倾向值匹配法的研究论文。以下就摘录苑春永、陈福美、王耘、边玉芳(2013)一文并做解析。

例文

摘 要

目的:检验独生子女和非独生子女在情绪适应方面的差异。方法:选取了2 657名独生子女和2 685名非独生子女,进行生活满意度、主观幸福感、抑郁、焦虑等情绪适应的问卷调查、基于准实验的研究设计,建立倾向分数配对模型,探讨"独生"对儿童情绪适应的因果作用。结果:在进行倾向分数匹配前,独生子女在情绪适应各指标上均明显好于非独生子女,但经过匹配之后,即控制了独生子女和非独生子女的背景因素后,独生子女和非独生子女的情绪适应差异不再显著。结论:"是否独生"对儿童的情绪适应没有影响,当前社会中存在的独生子女劣势论存在偏差。

解析

研究问题:独生子女和非独生子女在情绪适应方面是否存在差异?实验组是独生子女,对照组是非独生子女。处理变量:独生。结果变量是各种情绪的测量反应。

"独生子女本身就是一种疾病"，自霍尔提出该观点后，"孤僻""自私""不合群"等一度成为西方社会独生子女的代名词。我国1979年开始实施独生子女政策，该政策与我国"多子多福""养儿防老"等传统观念之间产生冲突，由此导致了"小皇帝""小太阳"等社会现象的产生。这些现象也引发我国学者对独生子女问题进行了大量研究。Falbo 和 Polit 对1925—1984年发表的114篇有关独生子女的研究进行元分析，<u>结果发现独生子女在控制力、自主性、心理成熟等个性特点方面优于非独生子女，而在社交性等方面独生子女与非独生子女之间并不存在明显差异。</u>

近年来，随着研究内容的扩展和研究方法的革新，开展的研究越来越多。……

综合以往研究发现，国内独生子女情绪适应的研究结论可以分为三种："独生子女劣势论""独生子女无差异论"和"独生子女优势论"，可见研究结论很不一致。以往研究所得出的结论之间存在明显差异，导致我们并不能清楚回答"独生"是否对情绪适应产生影响以及影响程度如何。究其原因，这和中国独生子女本身的

本文的研究动机是源于国内外关于独生子女情绪适应的研究一直未有定论。作者认为，研究方法的使用可能是造成各项研究结论不一的主因；尤其在国内，独生子女的"分配"并非随机的，城乡差异、性别差异、家庭社会经济条件，乃至父母的工作性质都在很大程度上决定了(选择了)"独生子女"的可能性。因此，简单的均值比较研究方法无法正确分析独生子女情绪适应的问题。

特点有关：第一，独生子女政策和城乡二元结构的交互影响，导致独生子女多出生在城市，而非独生子女多出生在农村。第二，性别对是否独生的影响，男孩独生的比例明显大于女孩独生的比例，这种效应在农村更为明显。第三，家庭社会经济地位对是否独生的影响，父母的受教育水平越高，独生的可能性越大；父母为行政、事业或大中型国有企业的工作人员，子女是独生子女的可能性也越大。

由于独生和非独生的上述特点，简单通过均值比较的方法（例如 t 检验、方差分析等）来判断独生子女与非独生子女情绪适应的差异，往往会产生偏差。这些研究方法忽略了社会领域研究进行因果推断时必须解决的"样本非随机选择问题"。

本研究为了检验独生子女和非独生子女的情绪适应是否"真正"存在差异，以及这种差异是否由"独生"本身导致，我们采用倾向分数（propensity score）匹配的方法进行研究。这是一种随机分配的替代策略，当随机分配实验操作不可行时，它可以尽可能地减少混淆变量对结果的影响。这种方法在临床医学、流行病学、经济学等无法随机分配实验处理的研究领域经常用来识别实验处理的效应。

为了解决上述选择性偏差的问题，作者选择了倾向值匹配法作为本文的研究方法。处理变量是"独生"与否，结果变量是各种情绪适应的差异。作者在第一节末提到的 ATT 译法有误，正确的翻译应该是："实验组平均处理效应"，它采用倾向分数匹配的方法时,我们将"独生"视为实验处理,独生子女和非独生子女分别为实验组和控制组。本研究将被试自我报告的生活满意度、主观幸福感、自我效能感、孤独感、抑郁和焦虑作为实验处理的结果变量,即情绪适应。我们假设,当控制城乡、社会经济地位和人口特征时,个体被随机分配到独生组和非独生组。因此,对于每个个体我们都计算一个倾向分数,即在观察到的社会经济地位和人口学特征的基础上被试被分配到实验组和控制组的概率相等。我们随后将独生组和非独生组进行匹配,计算平均处理效应(average treatment effect on the treated,ATT),也就是匹配后的独生组平均结果同非独生组平均结果的差异值。

> 的统计含义与"平均处理效应"(ATE)有本质上的差异,请读者参考第2.4节的讨论。不过,作者在文中实际估算的就是 ATT,而非 ATE。

1 对象与方法

1.1 被试

本研究数据来源于中国儿童青少年心理发育特征调查项目(National Children's Study of China,NCSC)的社会适应数据库。从发达地区、中等发达地区和欠发达地区,共抽取4—9年级独生子女2 657名,非独生子女2 685名(其中,独生编码为1,非独生编码为2)。其中男生2 874人,女生2 468人(男生编码为1,女生编码为2),年龄为7—16岁,平均年龄12.8岁。

> 研究采用的是公开数据,但是对于样本的选取交代不完整,依照何种原则抽取;以及是否随机抽取,都有可能影响分析结果。除非作者采用的样本恰好是完全符合条件的理想样本,即便在理想情况下,也必须首先对样本的选取作出具体的说明。

1.2 工具

1.2.1 家庭背景特征指标

本研究同时考查学生家庭背景变量,如家庭所在地(城市编码为1,县镇编码为2,农村编码为3)、家庭类型(完整家庭=1,离异家庭=2)、流动(流动=1,非流动=2)、留守(非留守=1,留守=2)和父母亲受教育水平、职业类型等因素对独生的影响。

1.2.2 儿童青少年生活满意度量表

本研究中该量表包括5个维度,分别为家庭、学校、居住环境、自我和朋友满意度。共25题,采取1~4的4点计分,分别对应"很不同意、不太同意、基本同意、很同意",得分越高代表学生对生活的总体满意程度越高。本研究中,该量表的内部一致性系数为0.86。

1.2.3 儿童青少年主观幸福感量表

本研究中该量表包括总体情感指数和生活满意度两个维度,共9题,采取7点计分,由总体情感指数维度的平均得分(权重1)与生活满意度维度的得分(权重1.1)相加,得到学生总体的幸福感指数,分数分布范围为2.1~14.7分,得分越高表明学生所体验的幸福程度越高。本研究中,该量表的内部一致性系数为0.87。

除1.2.1的家庭背景特征指标变量为类别变量外,其余共变量都为有序变量。作者在本节末交代了分析所使用的软件,这不仅是对软件撰写人的尊重,也有效地协助了读者了解分析结果中一些估计量获得的方式,比如处理效用的标准误差是在STATA中采用重复抽样的方式获得。

1.2.4　儿童青少年抑郁量表

本研究中该量表包括 10 个题目,采用 0~2 的 3 点计分,得分范围为 0~20 分,分数越高说明学生的抑郁程度越高。本研究中,该量表的内部一致性系数为 0.77。

1.2.5　儿童青少年焦虑量表

该量表由儿童显在焦虑量表修订而来,共 28 个题目,采用是、否的 2 点计分。量表得分范围为 0~28 分,分数越高表示学生的焦虑程度越高。本研究中,该量表的内部一致性系数为 0.82。

1.2.6　儿童青少年孤独感量表

该量表是对 Asher, Hymel, Renshaw 编制的儿童孤独感量表进行修订而来,包括 16 个题目,采取 1~4 的 4 点计分,所有题目的总分即为孤独感的得分,即量表得分范围为 16~64 分,得分越高代表学生的孤独感越强。本研究中,该量表的内部一致性系数为 0.89。

1.2.7　儿童青少年自我效能感量表

该量表采用儿童青少年自信量表的一个维度,共 6 个题目,采用"很不符合、不太符合、基本符合、很符合"的 1~4 的 4 点计分。得分越高表明学生的自我效能感越强。本研究中,该量表的内部一致性系数为 0.79。

1.3 统计方法

Logistic 回归、t 检验等，所有的统计分析都采用 STATA 统计软件。

2 结果

2.1 情绪适应的基本特征

<u>独生子女和非独生子女情绪适应的结果见表 1，这些结果是未控制倾向分数的。</u>对于生活满意度、主观幸福感和自我效能感三个变量来说，独生子女的得分都高于非独生子女；对于孤独感、焦虑和抑郁三个消极情绪指标来说，独生子女的得分显著低于非独生子女。但是，对于这些结果的解释要非常谨慎，因为此时协变量（如性别、城乡、家庭背景等）未进行控制。<u>事实上，如果独生和情绪适应的关系与协变量显著相关，那么独生组和非独生组直接差异的大小和统计显著性就可能被过高估计了。</u>

这一部分的分析，主要说明仅仅通过简单地比较均值，会产生独生子女和非独生子女的情绪适应明显差距的偏差，突显出引入倾向值匹配分析法的必要性。

表 1　匹配前独生子女和非独生子女的情绪适应

	独生子女	非独生子女	差值	t 值
生活满意度	3.26	3.16	0.10	9.78 * *
主观幸福感	11.18	10.60	0.58	8.57 * *
自我效能感	3.06	2.95	0.11	7.36 * *
孤独感	26.12	28.46	-2.34	-10.99 * *
焦虑	9.99	11.65	-1.64	-10.23 * *
抑郁	3.99	4.68	-0.68	-7.00 * *

注：* * 表示该指标在 0.01 水平显著，* 表示该指标在 0.05 水平显著，下同。

2.2　倾向分数

对于倾向分数的计算,我们采用 logit 模型进行 Logistic 回归分析,计算独生子女和非独生子女如何受到性别、城乡、家庭社会经济地位和人口学特征等变量的影响,结果见表2。
……

计算倾向分数时,我们不断将样本拆分为等空间样本,直到独生组和非独生组的倾向分数无差异。我们随后检验两组在每个特征变量上的差异是否显著,进而检验是否达到倾向分数匹配的目的。本研究中,我们采用半径匹配法(radius matching)进行匹配,半径大小为 0.000 01,匹配前后特征变量结果见表3。

表 3　匹配后特征变量差异

变量	样本	独生子女	非独生子女	t 值
性别	匹配前	1.44	1.49	-4.10 * *
	匹配后	1.48	1.48	0.28
城乡	匹配前	1.57	2.23	-29.14 * *
	匹配后	1.71	1.71	-0.03
家庭类型	匹配前	0.92	0.95	-5.79 * *
	匹配后	0.97	0.96	-0.01
家庭收入	匹配前	2.26	1.78	17.18 * *
	匹配后	2.05	2.04	0.06
留守	匹配前	0.08	0.21	-13.69 * *
	匹配后	0.06	0.06	-0.18
流动	匹配前	1.86	1.76	9.82 * *
	匹配后	1.86	1.86	0.06
父亲受教育水平	匹配前	1.96	1.34	30.05 * *
	匹配后	1.66	1.65	0.17
母亲受教育水平	匹配前	1.89	1.24	32.21 * *
	匹配后	1.57	1.57	0.08
父亲职业	匹配前	2.95	3.56	-27.07 * *
	匹配后	3.26	3.25	0.33
母亲职业	匹配前	3.12	3.73	-29.69 * *
	匹配后	3.44	3.44	-0.05
倾向分数	匹配前	0.99	-0.56	5.87 * *
	匹配后	-0.14	-0.14	0.00

表 3 显示了匹配后,各个共(协)变量的均值都无统计显著性的差异,说明数据在独生子女和非独生子女这两组间平衡良好。由于这些共变量中有不少是类别变量,建议将其拆解成数个虚拟变量后,再检验平衡;并使用条状图图示两组间这些类别的差异,这样会更为直观也更为有效。

本文仅使用单一种类匹配法——半径匹配法,因此无从得知其分析结果是否在不同匹配方法上仍然稳健(robust)。这里要给读者的建议是,从事类似研究时,最佳策略是多使用几种匹配方法,并将过程如实地呈现在文章中,由此说明推论结果在不同匹配方法上是稳健无差异的。另外,这篇文章的分析步骤也缺乏重合检验部分,因此,我们无从得知非重合情况是否对估计的处理效用造成偏差。

表3总结了关键协变量的估计。由结果可知,匹配前独生组和非独生组在性别、城乡、家庭类型、家庭收入、流动、留守、父母亲受教育水平、父母亲职业等方面都存在显著差异,这些因素混淆了独生子女和非独生子女在情绪适应方面的差异;经过倾向分数半径匹配后,独生组和非独生组在上述所有变量上差异均不显著。匹配前,独生组的倾向分数得分显著高于非独生组;匹配后,独生组和非独生组无差异。以上结果说明半径匹配相对较为成功。

匹配后,独生子女和非独生子女情绪适应的结果见表4。由表4可知,匹配后独生子女和非独生子女在生活满意度、主观幸福感、自我效能感、孤独感、焦虑和抑郁等情绪适应指标上均无显著差异。

作者最后使用 t 检验法来比较独生子女和非独生子女两组的差异,呈现两组在各个结果变量上,均无统计上明显差异。说明独生子女和非独生子女在情感适应的表现上并无不同。

表4 匹配后独生子女和非独生子女的情绪适应

	独生子女	非独生子女	差值	t 值
生活满意度	3.26	3.23	0.03	1.61
主观幸福感	11.19	10.99	0.20	1.40
自我效能感	3.06	3.00	0.05	1.64
孤独感	26.38	27.11	-0.73	-1.63
焦虑	10.21	10.62	-0.40	-1.20
抑郁	4.02	4.31	-0.30	-1.44

注:**表示该指标在0.01水平显著,*表示该指标在0.05水平显著,下同。

3　讨论

⋮

本研究也存在一些不足。首先，<u>倾向分数的信度很大程度上依赖于观察到的协变量，这就受到我们数据库中协变量个数的限制</u>；其次，"独生"和情绪适应的关系在很大程度上是一种动态而非静态的关系，因此，考察独生子女和非独生子女在情绪适应上的关系，最好采用追踪调查进行验证。

> 本文在应用倾向值匹配法的分析步骤中，缺乏敏感性分析，也是作者本人在文章中提出的第一点不足。造成的后果是，文章无法说明推论的结果在多大程度上会受到未控制的共变量的影响。

国内以独生子女为处理变量，分析其对不同结果变量影响的研究不计其数。但本文不同于其他类似研究，并在方法上有所突破，作者使用倾向值匹配法进行因果推论分析，在排除了其他共变量后，确认独生并不会造成青少年情绪适应上的差异。文章行文节奏明快，但对于分析步骤却缺乏详细说明，未能为读者提供清晰的分析过程。最大的遗憾之处是缺乏对推论结果的敏感性分析，也正是因为如此，我们对于这篇文章的研究成果仍应持怀疑态度。

3.4　政治学案例：候选人议题立场与选民投票抉择

蒙志成（2014）在《选举研究》期刊上所刊登的关于"倾向分数配对法的应用"的文章，是应用倾向值匹配法研究论文中，一篇少见具备完整分析步骤的文章，唯一的不足在于未检验匹配后共变量分布平衡和重合的情况。文末使用敏感性分析匹配后处理效用对于选择性偏差的容忍度,是其他同类文章常忽略的分析步骤。在 45 页的论文中,蒙志成详细记载了每一个分析步骤及其结果,堪称是应用倾向值匹配法论文中的范本。以下就摘录介绍蒙志成(2014)一文。

例文

摘　要

2012 年台湾地区领导人选举后,许多舆论均评论此次的选举结果与"九二共识"此一有关两岸关系的议题有莫大关系。<u>本文旨在探究"九二共识"对 2012 选民投票抉择的影响程度。</u>本文重新梳理了"议题投票"理论的核心定义、适用范围与分析方法,以"九二共识"的议题效果为研究<u>焦点</u>,依其议题性质假定了"议题内生于政党认同"的关系,且准于"由因视果"的分析途径,<u>根据"2012 台湾地区选举与民主化调查"的电访(TEDS2012-T)与面访(TEDS2012)资料,运用"倾向分数配对法",来估算"九二共识"对台湾地区选民投票抉择的影响。</u>

解析

摘要点明了研究问题:"九二共识"对 2012 台湾地区选民投票抉择的影响程度。处理变量即"九二共识"的议题效果(支持或不支持"九二共识"),结果变量即 2012 年台湾地区选民在台湾地区领导人选举中的投票选择(投给哪一党的候选人)。本文使用的数据来自 2012 年选前和选后的电访和面访资料。分析方法是倾向分数配对法(倾向值匹配法)[1]。

---

[1]　对于此方法有不同的译法,倾向值匹配法与倾向分数配对法两词同义。

本文研究发现：在竞选期间，"九二共识"对马吴配的支持度约有二成的影响，对蔡苏配约有 1.3 成；至选后，"九二共识"对马吴配的议题效果大幅降至约一成的影响，对蔡苏配则略降为 1.2 成。这项控制"内在选因"后的实证发现，有效且精确地估算出 2012 竞选期间，"九二共识"对选民投票行为的议题影响效果。此外，通过不同时间点的估算，资料亦证明了，"九二共识"的确在竞选期间成功地被转化为蓝绿选民所注意的显著性议题，对选举结果具有一定程度的影响。

壹、前言

"马英九赢了，'九二共识'赢了"是 2012 年台湾地区领导人选举后，隔天的联合报头版标题，其中主要意涵便是认为，影响这次选举胜负的主要议题，就是围绕在两岸关系上，马英九所坚持的"九二共识"与蔡英文的"台湾共识"之对决。……进一步的隐含假设就是：支持"九二共识"者就会投给马英九，不支持"九二共识"者就会投给蔡英文，……许多的政治评论却认定两者具有高度的因果连接，并直指"九二共识"议题发酵所扮演的关键影响力。

研究发现"九二共识"对台湾地区选民投票抉择有显著的影响（有效的处理效用）。

前言首先阐明研究动机：2012 年台湾地区领导人选举后，主流意见认为支持"九二共识"的选民会投票给支持"九二共识"的候选人（国民党候选人马英九），不过仍有不同的意见指出"九二共识"不是主因，真正影响选民投票抉择的是现实经济利益考量，否定"九二共识"会阻碍两岸经贸往来，选民因此选择投给支持"九二共识"的候选人。

但也有人认为，……使选民务实地体认到中国大陆当前在全球市场上所拥有的经济实力，选择支持或不挑战"九二共识"所建构的两岸秩序，便是……经济现实考虑下的抉择，故应从两岸关系经济化的角度来重新诠释其内涵。

……

这些选后基于各种不同政治立场的检讨因应"九二共识"效应，事实上都需要认真检视一个实证问题："九二共识"对2012年台湾地区选民投票抉择的具体影响究竟有多少？……

……

……运用主流的回归方式来进行"九二共识"对投票抉择影响的统计推估时，首先便是要注意到自我选择偏误（self-selection bias）的问题（King, Keohane and Verba, 1994, 128-149）。因为"九二共识"的支持者很可能本是来自于一群具相同特征的选民，而这群选民对台湾地区领导人候选人的选择，则有可能因他们原先的基本属性，而早有特定的支持对象，如此一来，"九二共识"的议题效果便难以确切识别（identification）。换句话说，假如"九二共识"的支持者与投票给马英九的支持者的背景属性高度雷同时，则就算"九二共识"不成为影响选民投

正因为各界对于"九二共识"的议题效果是否影响2012年台湾地区选民投票抉择莫衷一是，本文的研究问题（实证问题）即探讨"九二共识"的议题效果（处理变量）对于台湾地区选民投票抉择的具体影响（结果变量）。

本文选择倾向分数配对法（倾向值匹配法）作为分析工具，主要是为了解决潜在的选择性偏差（自我选择偏误），文章合理怀疑支持马英九的选民与支持"九二共识"的选民本质和属性是一致的，无论是否接触到处理（支持或不支持"九二共识"），他们都会投票给马英九。使用简单的回归分析无法解决自我选择偏误的问题，必须依靠倾向值匹配法进行分析：控制一切可能影响处理和结果的共变量

票的主要因素,这群支持者还是有很大的概率会投票给马英九。所以,即便"九二共识"是2012年选举期间讨论最热烈的议题,但如直接推论选民的投票选择,是依据"九二共识"的议题立场来决定的,恐有过度推论之嫌。

不同于传统统计回归方法,本文将采用"反事实之因果模型(Counterfactual Model of Causality, CMC)的概念,以"倾向分数配对"(Propensity Score Matching, PSM)法,对样本进行非观察式的条件概率实验分派(Rosenbaum and Rubin, 1983; 1985),用以确认"九二共识"在2012台湾地区领导人选举期间对选民投票抉择的议题效果。(页2-5)

贰、2012台湾地区领导人选举中的两岸因素与议题投票

一、"九二共识"与两岸关系:2012台湾地区领导人选举的热点议题

⋮

……国、民两党基于历史因素,以及对国家定位等基本理念的殊异,对于"九二共识"长久以来各自抱持着难以撼动的立场,……,对于一般选民来说,2012台湾地区领导人选举俨然变成支持与不支持"九二共识"主张的对决。表1是这次台湾地区选民所表达在2012台湾地区领导人选举期间的前五项重要议题,从表中

(例如,选民本质和属性等变量)后,比较支持和不支持"九二共识"的选民投给马英九的概率差异,也就是"九二共识"议题的处理效用。

作者在第二节试图使用调查数据验证第一节提到的台湾地区各界的主观认定:"九二共识"影响了2012年台湾地区选民投票抉择。作者试图通过引用的调查数据建立和验证两重关系:首先,选民认为"九二共识"是选举过程中第二重要的议题,证明"九二共识"议题效果(处理变量)在2012台湾地区领导人选举中的

可以得知,有近二成的受访者,认为此次台湾地区领导人选举期间最重要的问题是"两岸关系与'九二共识'",而且在所有未经提示的答项中,分居第二与第三重要,足见两岸关系不仅在选前即可判断为 2012 台湾地区领导人选举时的重要议题,在选民层次也可相当程度地感知其所扮演的重要角色。

……

另外,根据 TEDS2012-T(选前五波电访、选后一波追踪电访)与 TEDS2012(选后面访)的调查资料、制作描述统计图表(图 1),也可粗略观察出台湾地区领导人候选人支持度与"九二共识"的支持度具有相关性。

……

(页 5-8)

二、议题投票研究的架构与分析方法

(一)议题投票的分析架构:选民层次的分析与满足要件

首先,在"议题投票"的理论概念下,究竟"九二共识"是否可以称上是一项足以影响选民投票抉择的议题?当一项选举议题,要能够影响选民,并得以将此议题进行选民层次的议题投票分析,根据 Campbell 等(1960:170)的看法,至少有三项条件必须满足:1.选民必须要能够感知到此议题以某种形式存在;2.此议题能引起

重要性;其次,该议题支持度的走向与选民对于候选人的支持度变化高度密合,说明该议题对于选民抉择(结果变量)是高度相关的。这样的验证至少说明,在不使用任何复杂的分析方法之前,文中引用的调查数据基本上能够支撑台湾地区各界的主观认定。(页 1)

这一小节的目的旨在验证处理变量的效度。任何因果推论的社会科学研究,其准实验的设计,必须要检验处理变量的效度:受测者是否清楚地了解处理变量的内容,以及其连接结果变量产生的作用关系。这种检验与选举研究对于议题效度的检验不谋而合。

选民一定程度的感受;3. 选民能够明辨某一政党的议题立场与其较为接近。

关于第 1 点,作者重新检视 TEDS2012 问卷项次 N2(也为稍后 PSM 分析的主要处理变项),并对作答项进行次数统计;经统计,其中 44.69%的受访者具体表达支持"九二共识",32.44% 具体表达不支持"九二共识"(包括回答不应再用"九二共识"和没有"九二共识"者),加总对此题有表达明确立场者,高达 78.33%。足见大部分的台湾地区选民对"九二共识"具有明确的议题感知与立场。

关于第 2 点,……,由于"理性选择"与"符号政治"的纠结交互作用,必然有些选民对于"九二共识"的感受已对其投票行为产生明显的影响。

关于第 3 点,……,马吴配坚持要以"九二共识"为基础来与大陆进行协商,蔡苏配则明白地反对"九二共识",拒绝"一中框架"下的谈判,甚至提出"台湾共识"与之对决。因此,选民可以很清楚地判定不同政党及其候选人对于"九二共识"的立场,也可以依据自己的立场与候选人立场做偏好连接。

⋮

(页 8-11)

作者依照 Campbell 所提的三项条件,从三方面检验了"九二共识"的议题效果。第一,调查数据说明,台湾地区民众了解并意识到"九二共识"这个议题的存在与内涵;第二,其他学者研究指出"九二共识"对于台湾地区选民的投票行为有明显的影响;第三,由于候选人在公开谈话中明确地表达了各自对于"九二共识"的立场,因此选民对于候选人的立场是清楚的。

相较于其他两点,第三点的验证较缺乏说服力。合理的方式是应该通过调查数据访谈选民,检验他们是否能够清楚地辨别各候选人对于"九二共识"的立场。

叁、倾向分数配对法之应用

⋮

根据 Holland（1986：959）的看法，进行因果关系研究可概分为两种分析类型，第一种是"由果推因"（looking for the cause of an effect）；第二种则是"由因视果"（studying the effect of a cause））；……由于本文的研究问题是一种典型由"因"（"九二共识"）视"果"（投票抉择）的分析路径，……，较能准确地识别出"九二共识"的议题效果。

⋮

……基本逻辑为，在一项简单实验设计的指导之下，假设我们有两组背景完全相似的群体，当要进行一项判别因果关系的实验时，在程序上界定好其中一组为接受实验处理（treatment）的实验组（experiment group）；另一组为未经实验处理的控制组（control group），两组除了是否接受实验处理以外，其余实验条件均控制为一样，经实验操作之后，检视其实验结果（outcome），若实验组与控制组的结果具显著差距的话，则可推论实验处理是导致实验结果差异的主要原因。……在前述的简单实验设计程序下，进行下述问题的检测：假如当实验组不接受实验处理时，

本节主要梳理倾向值匹配法的基本理论与假设。首先，说明文章的研究问题是典型的"由因视果"的分析路径，其优点在于有预设的因果关系，也就是社会科学里常说的，有强而有力的理论基础或经验故事支撑论点，因此分析的重点可以聚焦在检测处理效用是否存在，而不必费力地去寻找影响"果"发生的"因"。

其次，本节对于实验组和控制组（对照组）的定义以及因果关系成立的基本条件进行回顾，并以数学公式呈现倾向分数（倾向值）的定义，以及严格可忽略的假设（在此省略，详见原文）。

或控制组改接受实验处理后,两者的实验结果是否还跟原先的实验结果一致? 如果高度一致,那显然这个实验处理就很可能不是产生实验结果的原因;反之,则可推断两者因果关系应存在。

⋮

由于本文的主要焦点,是在识别"九二共识"对选民投票的议题效应,因而获致支持(不支持)"九二共识"(实验处理)。对马吴配(蔡苏配)在扣除掉反事实影响后的实验组平均处理效应(ATT)——也是本文所定义的"九二共识"议题效果,便是我们有兴趣得知的估计量。⋯⋯

⋮

最后,文献介绍进行 PSM 配对运算的方法各有不同,其中 Kernel 配对法产生的估计值偏误为最小(关秉寅与李敦义,2008:113-114),故本文的资料分析将采用 Kernel 配对法,来进行稍后的 PSM 配对运算分析。由于各配对运算法的具体内容,以及对 PSM 配对运算结果的差异比较,并非本文重点,故于此不作仔细探讨。(页11-14)

再次,本节点明了分析的兴趣的估计量(Quantities of Interest),即实验组的平均处理效应(处理效用)。

最后,作者说明,之所以使用 Kernel 配对法,即核匹配法(详见第2.2.4节的介绍),是因为核匹配所得的估计值偏差最小。关于这一点,可能存在陈述上的争议,事实上,在具体操作中,针对不同的案例,各种匹配法的表现各有优劣,通常解决匹配法选择的办法是,在分析时使用多种匹配法,证明分析结果不会因为采用不同方法而有太大的差异。此外,核匹配法也存在着不同种类的变异及不同的核函数,文中应有明确交代。

肆、资料与统计分析

一、资料来源与变量测量

（一）资料来源

本文分析资料取自"台湾地区选举与民主化调查"（*Taiwan's Election and Democratization Study*，TEDS）针对2012年台湾地区领导人及其他政治人士选举进行的电话访问案（TEDS2012-T，$N = 4\ 806$）与面访案（TEDS2012，$N = 3\ 336$）所得之成功样本。使用 TEDS2012-T 为选前电话访问资料，共进行五波滚动样本（rolling sample）调查，使用此笔资料有助于本文估算"九二共识"对选民投票支持度在不同时间点的影响概率。然而，由于电话访问有涵盖率不足的抽样误差问题，故再使用 TEDS2012 的选后面访数据来进行分析，如此一来，便可通过选前与选后的调查资料，一并获致具贯时性（longitudinal）的 CMC 实证分析。……

（二）变量测量

：

……，本研究分别设定两组配对变量：模型Ⅰ主要采用"政党认同""统独立场"与"身份认同"三项主要的理论变量，……模型Ⅱ则在模型Ⅰ所设定的三项变量之外，还增加了"经济评估"与"大陆经验"两项理论

本节主要介绍数据和分析结果。数据的最大特点是使用了5个不同时间段的调查数据，其中包含选举前和选举后的调查数据，因此，分析结果既能够检验处理效用在时间上的变化，又可以进一步检验稳定单元处理值假定（SUTVA）（详见第1.2.5节说明），如果选前与选后处理效用不同，则当然不符合稳定单元处理值假定。（页14-15）

其次，作者介绍了分析过程中使用的共变量，由于所使用的数据时间点的不同，分为模型Ⅰ和模型Ⅱ两组数据，5个时间段贯时的比较主要采用模型Ⅰ的共变量，模型

变量,……除此之外,为了控制"九二共识"与前述理论变数间,可能互为因果的内生性关系,故在进行 PSM 估算前,针对主要用来计算倾向分数的二元胜算对数模型中,另外设置了六项工具变量,分别是省籍、年龄世代、性别、教育程度、居住区域以及职业类别。(页 15-17)

Ⅱ的共变量则用来分析选后面访的数据。除了模型Ⅰ5 个时间段的比较可以呈现选举前后的差异外,模型Ⅰ和Ⅱ的比较则可呈现不同共变量选择对于结果的差异。

二、统计分析

(一)分析方法

PSM 资料分析途径基本上有下述三项主要步骤:第一,要先确定分派机制中的配对变量(Z),并以胜算对数模型来估算配对变量与处理变量(D)之间的关系,并据此计算倾向分数。第二,根据倾向分数进行 PSM 配对,使 CMC 开始进行推估前的测前变量,并能够尽量呈现随机分布的状态。根据 PSM 配对后的结果进行 CMC 推估,获致 ATE、ATT 与 ATU 的概率估算值。第三,进行 CMC 各估计值的敏感度分析,以确定无严重之未观察变量的干扰偏误。本节将依序操作并呈现第一至第二步骤的统计分析结果,至于第三步骤的敏感度分析,由于目前进行 CMC 研究之文献较少触及,故特别另起一节(第五节)做介绍。

本节对于分析的三个步骤分别作出说明:(1)估计倾向值;(2)进行匹配,估计处理效用;(3)敏感性分析。第一个步骤使用二分胜算对数模型(逻辑斯特回归模型)估计倾向值,并对于处理变量的定义做了更进一步的解释。本节花了很大的篇幅呈现模型Ⅰ和模型Ⅱ逻辑斯特回归模型的结果,并计算各个共变量对于处理变量的边界效用(此处省略

1.二分胜算对数模型

本文在第一个步骤中，先明确界定"九二共识"的支持与否（D_i）为实验处理变量，……由于能够明确表达支持与不支持"九二共识"的意义各有不同，为求"九二共识-投票抉择"两者之间的关系，能有直接而明确的诠释意涵，故采取"支持'九二共识'-支持马吴配"与"不支持'九二共识'-支持蔡苏配"两套不同依变量之模型设置。……

⋮

最后，附带一提的是，二分胜算对数模型的统计结果，在此步骤中主要目的是在建立 PSM 配对的分配机制，并检视配对变量的设置妥适与否，故在进行资料分析的同时，本文不拟针对模型结果作过多的引申阐释。（页 15-25）

2.倾向分数配对分析

（1）模型 I 之贯时资料统计发现

本步骤则依据前项二分胜算对数模型的结果，进行 PSM 配对与 CMC 估算，以求得……ATT 值。这部分我们利用选前电访与选后面访资料，以模型 I 进行 PSM 分析，目的在于呈现不同时间点，"九二共识"对投票抉择的影响程度及其变化。表5是未经过 PSM 配对的 CMC 估算概率，表中发现在未经配对的情形下，

分析结果表，详见原文。）不过，本节以及往后几节，完全没有提到共变量平衡和重合的情况，尤其当"政党认同"和"统独立场"与处理变量高度相关时，如果这两个变量在实验组和对照组分布存在着不平衡或重合的情况不佳，处理分配的随机性就不能达成，获得的处理效用就会有很大的偏差，这是倾向值分析法不可或缺的步骤，缺少共变量分布平衡和重合的分析，严重损害了本文分析结果的可信度。

模型 I 的分析显示，匹配后，"九二共识"的议题效果明显降低，凸显匹配后的确在很大程度上平衡了"政党认同"和"统独立场"这两个变量。

"九二共识"的支持者,有4.9成至5.7成的概率会选择投票给马吴配,而"九二共识"的反对者,也有4.3成至5.7成的概率会选择投票给蔡苏配。由于这是未经配对——亦即未控制"内因选组"所获致的偏误结果,倘若<u>不察而径自引用于政策阐述及其影响,则此结果推论便有夸大解释的问题</u>。

⋮

表6则是经过 PSM 配对的 ATT 结果,与表5比较起来,<u>"九二共识"的议题效果则有显著的降低</u>。……

⋮

小结此一阶段的统计发现,……当假设所有条件都控制得一样时,<u>"九二共识"的支持立场,将对马吴配支持者产生约两成的议题效果,相对地,"九二共识"的不支持立场,则对蔡苏配支持者仅产生约1.3成的议题效果</u>。因此就选战策略来看,如果两组候选人在其他来源可获得选票的程度相当,仅在"九二共识"立场差距上有所影响的话,则马吴配的立场对其加分是比蔡苏配来得多,其支持率差距约为6.44%。

必须再次强调的是,这两个变量加总,可以预测70%的处理分配,而处理分配又与结果变量高度相关,因此,如果不经过匹配或匹配不完美,那么,分布不平衡的共变量就会产生差异极大的结果,这也是为什么未匹配前,处理效用如此大,但是,本文也没有进行共变量分布平衡的检验,我们无从得知,究竟匹配后是否移除了共变量不平衡造成的误差。分析中发现,"九二共识"在选前对于两组候选人 ATT 的差距为6.44%,这与实际选举结果相差不远(5.97%),说明了调查数据和分析模型对于选举结果的预测能力。

此外,尽管选前"九二共识"议题打得火热,但选后面访的资料分析却意外地呈现,"九二共识"对马吴配的议题效果大幅降至仅约1成,而对蔡苏配却仍平稳地呈现约1.2成的影响概率。这个结果说明,在竞选期间——特别是选前一周,固然选民对"九二共识"的关注与激情高度地影响他们的投票行为,但选后这些考量与情绪都有所平复。……图2展示了这种选前与选后处理效应差异的变化。

(2)模型Ⅱ之经济评估与两岸交流影响统计发现

为了了解短期经济评估与两岸交流对"九二共识"议题效果的影响,故以包含"经济评估"与"大陆经验"同项的选后问卷及模型Ⅱ来进行CMC推估。……整个统计结果明显地呈现出,未经配对(未控制内在选组因素)与经PSM配对(控制内在选组因素)所获致的"九二共识"议题效果估算有非常大的差距(请参阅图3)。……

此外,由于模型Ⅱ仅"经济评估"虽显著但却极其微小地(effective but narrow)影响"九二共识"的偏好,而"大陆经验"则无统计显著性,因而在CMC估算时,模型Ⅱ的ATT效果与模型Ⅰ比较起来,无明显差异。……

(页25-31)

模型Ⅰ的分析结果,从时间的维度来看,处理效用无论是在选前或选后,都维持显著的影响力,并且影响的方向一致,显示了研究符合稳定单元处理值假定(SUTVA)。

模型Ⅱ的分析结果与模型Ⅰ的结果差异不大。首先,匹配后的ATT明显小于匹配前的ATT,另外,估计得的ATT与模型Ⅰ估计得的ATT也极为接近,这是由于模型Ⅱ加入的"经济评估"和"大陆经验"两共变量对于处理效用的分配影响不大(相关性不大),因此分析结果才会差异微小。

另外,本节并未交代如何估算处理效用的标准误差。这也是本文在呈现分析结果上明显的失误。由于文章未提及使用何种软件进行倾向值匹配分析法,因此也无从推断分析结果的标准误差是否是通过重复抽样获得的稳健标准误差。

五、敏感度分析

……，简单说，就是我们的配对模型设定到底恰不恰当？有没有其他未观察到的重要因素存在，而我们却忽略了，致使最后的 ATT 推估是有偏误的？为了解决上述的模型设置问题，以确保我们在上一节的模型设定无违失、PSM 分析结果具可信度，就必须进行敏感度分析（sensitive analysis）（Rosenbaum, 2010：259-261）。本文在此步骤采用 Rosenbaum（2002：105-170）的界限法（bounds method）来进行敏感度分析。首先，先简要介绍 Rosenbaum 的界限法内容。……

⋮

……，结果见表 9。借用 Duvendack 与 Palmer-Jones（2011：18）对 Rosenbaum 界限法敏感度分析的解释，假如在很小的值（一般来说是 $\Gamma < 2$），所产生的信赖区间包括 0 的话，则很有可能存在未观察变量的干扰，而整个 PSM 当中的处理效应估计就很容易受到无法观察的变数影响。在表 8 与表 9 中显示，不管实验处理为何，Γ 都至少要到 3 以上，其信赖区间才包括 0。故不论是使用选前电访资料进行模型Ⅰ的 ATT 推估（见表 8），或是使用选后面访资料模型Ⅱ的 ATT 推估（见表 9）都是有效的。

⋮

（页 31-33）

本节主要使用 Hodges-Lehmann 点估计和信用区间检验法进行敏感性分析，检验配对模型（估计倾向值的模型）设定是否适合（处理变量与共变量之间的关系），以及是否存在选择性偏差（遗漏重要共变量）。分析结果发现，无论是模型Ⅰ或模型Ⅱ，Γ 值都要至少大于 3 才会拒绝处理效用无效的原假设（95% 信用区间包含 0），因此，模型Ⅰ和模型Ⅱ所得的 ATT 对于模型设定错误和存在选择性偏差的敏感性非常低，说明估计得到的实验组平均处理效用是有效的。

表 8　Rosenbaum 界限法敏感度分析:模型 I

配对组数	Γ	Hodges-Lehmann point estimates		95%confidence intervals	
		Minimum	Maximum	Minimum	Maximum
支持马吴配 1 172	1	.135	.135	.132	.137
	2	.113	.149	.094	.151
	3	.030	.156	.022	.157
	4	.015	.159	.004	.161
	5	−.002	.162	−.055	.231
	6	−.050	.227	−.169	.313
支持蔡苏配 781	1	.151	.151	.136	.159
	2	.068	.193	.058	.202
	3	−.043	.213	−.023	.221
	4	−.003	.232	−.062	.256
	5	−.063	.257	−.129	.335
	6	−.117	.296	−.248	.395

资料来源:TEDS2012-T。

陆、结论

⋮

　　最终,本文的研究方法与统计结果的解释,仍有些限制。首先,界定以"政党认同""统独立场"与"身份认同"为"九二共识"的配对变量,并以其为建构偏好分数的基准,恐有过于简化之嫌,尽管本研究加入了六项的工具变量,而其统计结果也通过敏感度分析,但仍可能有其他变量足以影响偏好分数的计算,而使得 PSM 配对不够精确。再者,此三项理论配对变量彼此之间并非相互独立,恐有内生性的关系存在,如此一来将会

　　最后,作者在总结中提出该文三项不足之处。前两点均聚焦在如何更合理、更具理论基础地处理共变量与处理变量之间的关系,其中倾向值匹配法加上敏感性分析都无法根本解决内生性的问题。合理的解决方式是采用工具变量分析法检验分析结果的稳定性。

使 CMC 的推估值有高估之嫌。最后，本研究的统计估算与结果均是以点估计（point estimate）呈现，固然 CMC 推估本身即已尽量排除"内在选因"的偏误，大幅缩减估算偏误的问题，但本研究对形成"九二共识"的配对变量有主观的假定，尽管已经以工具性变量来控制可能的内生性关系，但仍未完整，呈现出来的点概率仍有过度推论的疑虑。日后的研究，可以从理论层次再重新界定新的配对变量，考虑如何在 CMC 推估里控制配对变量间的内生性关系，并思考以区间估计（interval estimate）的形式来显现影响概率，如此将可使因果关系的评估更具弹性、有效。

......

（页 33-36）

至于第三点提到以区间估计的形式来呈现处理效用，则是回到如何正确估计处理效用标准误差这个根本的问题（详见第 2.4.2 节的讨论）。目前市面上大部分软件提供应用倾向值匹配法的模块，在计算平均处理效用时，均未能将倾向值的误差考虑在计算处理效用标准误差的过程中，因此，估算得到的标准误差可能存在过于保守（过小）的问题。

估算候选人议题立场对于选民投票抉择一直以来都是政治学选举研究的重点。候选人必须选择合适的立场，推出受欢迎的政见，才能最大化获得选民的青睐。因此在政治学中，这类研究如恒河沙数。然而，如何正确地分析特定议题立场对于选民投票抉择的处理效用却不容易，主要还是由于影响选民投票倾向的因素太多了，这些因素又彼此关联，所以相关研究一直很难产生固定性的结论。鉴于此，蒙志成（2014）的文章首先确立"九二共识"议题作为其研究中处理变量的重要性，必须如此，然后在控制相关的共变量后,运用倾向值匹配法推论"九二共识"议题单独对于选民投票抉择的处理效用。

选择这类研究进行因果分析是冒险的,也是困难的。蒙志成(2014)已经尽可能地使用倾向值匹配分析法向读者说明"九二共识"议题的处理效用,但是这类研究很容易被鸡蛋里挑骨头。

首先,政治性议题对于一般选民来说,本来就不容易理解,以"九二共识"来说,究竟台湾地区选民是否真切了解其内涵,还是由于两组候选人明确的立场,使得选民也有了两极化的立场[(蒙志成,2014)即以此为例证明选民对于该议题立场分明],这本身就是个难以回答的问题。但这也说明,也许确实是候选人的立场影响了选民对于"九二共识"议题的支持,而不是选民真切了解"九二共识"议题之后才产生某种稳定的立场,也就是说,存在着因果倒置的可能。而该议题效果在选后明显消退,更说明了是投票抉择牵动了人们对议题的支持。

再者,政治议题与其他变量总是存在着千丝万缕的联系,不易厘清,更遑论其中哪些才是决定选民投票抉择的因素。为避免遗漏控制其他共变量对于推论结果的影响,蒙志成(2014)使用了敏感性分析验证分析结果不存在选择性偏差,确定了推论结果可以容忍一定程度的遗漏,推论是有效的。然而最遗憾的是,作者未在文章中呈现共变量分布和重合的情况,毕竟有不少共变量对于结果变量有很大的影响,它们的分布如若缺乏平衡和重合会高估或低估处理效用。

总的来说,蒙志成(2014)花了40余页的篇幅,企图解决政治学中难以厘清的问题,他企图进行因果推论而不是关联性研究,更加深了这项研究的难度。不过,蒙志成(2014)的分析步骤还是清楚而详尽的,足以作为应用倾向值匹配分析法的范本。任何研究都可能存在不足,这也是为什么我们总还需要更进一步的研究。

3.5　经济学案例:企业贸易形态与工资水平

赵春燕、王世平(2014)在《中南财经政法大学学报》期刊撰文分析《进口企业存在工资溢价吗?——基于倾向评分匹配估计的经验研究》,这同样是一篇标准应用倾向值匹配法去重新检验文献上具争议的研究问题。赵春燕、王世平(2014)使用了倾向值匹配法重新分析数据后,进口企业的确较非进口企业提供较高的工资。以下就摘录赵春燕、王世平(2014)一文并加以解析。

例文

摘　要

本文利用 2000—2006 年中国工业企业数据库和中国海关数据库相匹配的微观数据检验了进口企业是否存在工资溢价。运用倾向评分匹配方法的估计结果表明,在控制了影响企业工资水平的其他因素后,进口企业的工资水平高于非进口企业,进口工资溢价是显著存在的。这一结论在剔除异常样本点、考虑企业不同经济性质的情形下都是稳健的。本文也将企业按照所处的行业和区域进行分类,来检验进口工资溢价是否

解析

摘要说明了研究重点在于分析进口企业是否存在工资溢价。处理变量为企业贸易形态(进口或出口),结果变量为工资水平。分析结果:在控制其他共变量后,进口企业提供的工资水平高于非进口企业。研究进一步从不同行业区域分析这个结论,发现这个因果关系仍然存在。

存在。从分行业的估计结果来看,进口对资本密集型行业企业工资水平的影响最大,其次是技术密集型行业,最后是劳动密集型行业。从分区域的估计结果来看,进口对东部地区企业工资水平的影响最大,其次是中部地区,最后是西部地区。

一、引言

⋮

基于缺乏从企业层面对进口贸易的工资效应进行研究这一事实,本文在企业异质性贸易理论的分析框架内,基于 2000—2006 年中国工业企业数据库和海关数据库相匹配的微观数据,使用倾向评分匹配方法(Propensity Score Matching, PSM)实证分析进口对工资的影响,以期为评价进口的社会福利效应提供微观证据,从而为贸易政策和收入分配政策的制订提供有益的参考。

⋮

研究动机源于同类研究分析层次在企业方面较为缺乏,期待使用倾向值匹配法分析企业层次的数据,得到实证结论,为贸易政策和收入分配政策提供建议。

二、文献综述

⋮

国内也有学者研究了进口贸易对工资的影响。钱学锋和李赛赛检验了进口的不同边际对员工收入的影响,他们发现,进口的扩展边际会提高进口企业的工资水平,而进口的集约边际对工资水平存在负面影响。

从作者梳理的文献来看,既有研究已经发现进口企业存在工资溢价的问题,但作者认为,既有研究的方法上存在两个不足:第一,未能将共变量对于结果变量的影项松林使用世界银行提供的中国企业普查数据分析了中国进出口企业的工资溢价问题,研究结果表明,<u>进口企业存在显著的工资溢价。</u>

本文认为上述文献存在两方面的不足。<u>第一,没有将企业的进口行为对工资的影响和其他影响企业工资水平的因素区分开。</u>如果企业进口后工资水平提高了,我们很难判断这一结果是由于企业的进口行为还是其他因素导致的。<u>第二,没有克服进口和工资水平之间的内生性问题。</u>进口会提高企业的工资水平,而那些工资水平较高的企业也有可能成为进口企业。基于此,本文通过倾向评分匹配方法为进口企业挑选与之相匹配的企业,这些企业是与进口企业特征最为接近的非进口企业。通过比较这两组企业的工资水平,我们可以客观地评价进口对企业工资水平的影响。

本文的主要贡献在于:首先,本文以进口企业为研究对象,为评价进口对工资的影响提供了微观证据,丰富了进口的社会福利效应研究。其次,本文将工业企业数据和海关数据相结合,丰富的数据和较长的样本期使我们可以控制影响企业工资水平的异质性因素,采用倾向评分匹配方

响区分开;第二,企业贸易形态与工资水平存在内生性关系。应用倾向值匹配法可以解决第一个不足,却未必能解决内生性的问题。匹配法只是保证样本经匹配后,所估计的处理效用,是从拥有类似共变量取值或类似倾向值的样本,比较实验组和对照组间结果变量差异的平均得来。这仅仅说明了估计的处理效用不是从彼此差异很大(不同的共变量取值和倾向值)的样本比较得来,但是这并不表示匹配可以解决内生性的问题。

法较好地解决了内生性问题和一般回归分析存在的估计偏差,从而可以客观和准确地分析进口对工资的影响。

三、模型与方法

本文研究的目的在于通过比较企业在某一时期进口和不进口两种情形下的工资差异,从而分析进口对工资的影响。……,我们借鉴Heckman 和 Smith 等人的方法,采用倾向评分匹配估计来处理这一问题。具体思路如下:

首先对样本企业进行分组。我们将样本企业区分为处理组和对照组,处理组为样本期内的进口企业,对照组为样本期内的非进口企业。定义二元虚拟变量 $J\kappa_{it} = \{0, 1\}$,其中 $J\kappa_{it} = 1$ 代表企业 i 在 t 期为进口企业,$J\kappa_{it} = 0$ 代表企业 i 在 t 期为非进口企业。同时定义 W_{it}^1 代表进口企业 i 在 t 期进口时的工资水平,定义 W_{it}^0 代表进口企业 i 在 t 期不进口时的工资水平。则企业在 t 期进口对其工资水平的平均影响效应(ATT)为:

$$ATT = E(W_{it}^1 - W_{it}^0 | J\kappa_{it} = 1)$$
$$= E(W_{it}^1 | J\kappa_{it} = 1) -$$
$$E(W_{it}^0 | J\kappa_{it} = 1) \qquad (1)$$

研究使用的是面板数据,根据作者描述,企业 i 可能在时期 t 是进口企业,在时期 $t-1$ 是非进口企业。使用面板数据进行匹配可能存在处理分配无法随机化的问题,因为假设企业 i 在时期 t 是进口企业,它很有可能在数据观测的时期中就一直是进口企业,毕竟企业的贸易形态不会有经常性的变化,即便存在变化,列如,企业 i 在时期 $t+1$ 为非进口企业,它就成为在时期 t 企业 i 的完美匹配。在这个情况下,除了可能无法满足可忽略处理分配的假定外,也可能违反了稳定单元处理值假定。简单来说,使用面板数据进行匹配目前还存在争议。

$E(W_{it}^1 | J\kappa_{it} = 1)$ 代表处理组企业 i 在 t 期进口时的工资水平，$E(W_{it}^0 | J\kappa_{it} = 1)$ 代表假如企业 i 在 t 期不进口时的工资水平。由于反事实情形下的 $E(W_{it}^0 | J\kappa_{it} = 1)$ 无法观测，我们采取匹配的方法寻找与处理组企业特征最为接近的在 t 期不进口的对照组企业 j，用该组企业的工资水平替代 $E(W_{it}^0 | J\kappa_{it} = 1)$，则进口对工资的平均影响效应为：

$$ATT = E(W_{it}^1 | J\kappa_{it} = 1) - E(W_{it}^0 | J\kappa_{it} = 0) \qquad (2)$$

其次对样本企业进行匹配。倾向评分匹配估计的前提是处理组企业和对照组企业是否满足"条件独立性"假设（conditional independence assumption）：即当控制了匹配变量后，企业是否进口和其工资水平相互独立。由于企业层面的特定因素，如生产率水平、企业规模、财务状况等因素会同时影响企业的工资水平和进口行为，从而不能满足"条件独立性"假设。为了解决这一问题，我们将影响企业工资水平的非随机因素设定为匹配变量，使企业的工资水平和进口行为之间满足"条件独立性"假定。为此，我们在已有研究文献的基础上，将如下变量设定为匹配变量：

式（1）—（4）可以与第 1 章和第 2 章内容中的式子共通，W 为结果变量，也就是前述章节中的 Y，$J\kappa$ 为处理变量，也就是前述章节中的 Z。

劳动生产率、经营年限、企业规模、财务状况和外资参与度,为了详细反映企业规模的变化对工资的影响,我们加入企业规模变量的平方项。各变量的定义及度量方法见表1。

表1　匹配变量的定义及度量

变量	变量名称	变量说明
lnproductivity	劳动生产率	工业总产值与从业人员年平均人数比值的对数值
lnscale	企业规模	企业从业人员年平均人数的对数值
lnscale_quare	企业规模的平方项	企业从业人员年平均人数对数值的平方
lnage	经营年限	企业成立年份与数据年份差值的对数值
lnfinance	企业财务状况	企业负债合计与资产合计比值的对数值
fshare	外资参与度	外商资本金和港澳台资本金之和在企业实收资本中的比重

Imbens 认为倾向评分匹配估计结果的有效性取决于匹配变量是否满足"共同支持条件"(common support condition)和"平衡性条件"(balancing property condition)。"共

这篇文章是目前本书介绍的案例中唯一注意到共同支持条件(重合)重要性的研究。作者

同支持条件"保证了处理组企业能够通过倾向评分匹配找到与其相匹配的对照组企业。"平衡性条件"保证了匹配后的处理组企业和匹配成功的对照组企业在匹配变量上没有显著性差异。我们运用倾向评分匹配方法计算模型 $P_{it}(J\kappa_{it}=1)=\mu(\mathbf{X}_{it})$ 的倾向分数（propensity score），该倾向分数表示在控制了匹配变量 $\mathbf{X}$ 后企业进口的概率，之后根据两组企业的倾向分数 P_{it} 和 P_{jt} 的相似度进行匹配，我们剔除倾向分数高于对照组企业倾向分数最大值或小于其最小值的处理组企业样本来满足"共同支持条件"。为了满足"平衡性条件"，我们通过计算匹配后两组企业在各个匹配变量上的标准偏差来进行匹配平衡性检验，考察它们之间是否存在显著差异。借鉴 Smith 和 Todd 以及邵敏的研究，处理组和对照组企业关于某一匹配变量 $\mathbf{X}$ 的标准偏差为：

$$\mathrm{bias}(\mathbf{X})=\frac{100\frac{1}{n}\sum_{i\in(T=1)}\left[\mathbf{X}_i-\sum_{j\in(T=0)}g(p_i,p_j)\mathbf{X}_j\right]}{\sqrt{\frac{\mathrm{var}_{i\in(T=1)}\mathbf{X}_i+\mathrm{var}_{i\in(T=0)}\mathbf{X}_j}{2}}} \tag{3}$$

最后进行影响效应估计。令 P_i 代表进口企业 i 进口概率的 Probit 模型估计值，P_j 代表非进口企业 j 进口概率的 Probit 模型估计值，则企业进

虽然没有利用图示的方式检验共同支持区域，但是，剔除实验组中倾向值大于或小于对照组样本倾向值最大值或最小值的样本，的确在某种程度上可以进一步保证共同支持条件，因为将拥有过大或过小倾向值（比对照组倾向值大或小）实验组样本删除后，限制了结果变量在实验组倾向值上的分布，使其与结果变量在对照倾向值上的分布更好地重合。

此外，相比较其他匹配法，核匹配法并不是唯一能够避免样本损失的方法，事实上，除了最近邻匹配法外，采用距离加权的匹配法（马氏距离匹配法、核匹配法、区间匹配法）都可以完全地使用对照组样本，差别在于最近邻匹配法会将差

口行为对其工资的平均影响效应为：

$$ATT=\frac{1}{n_i}\sum_{i\in(J_K=1)}\left(W_{it}-\sum_{j\in(J_K=0)}g(p_i,p_j)W_{jt}\right) \quad (4)$$

要实现对式（4）的估计，首先要确定函数 $g(p_i,p_j)$ 的表达式，我们采用核匹配方法对式（4）进行估计来尽可能地避免样本的损失。

四、数据处理与统计分析

（一）数据来源及处理

本文使用的数据来源于中国工业企业数据库（2000—2006 年）和中国海关数据库（2000—2006 年）。该数据库具有较大的样本容量、丰富的统计指标和较长的时间跨度，但是也存在一些指标的缺失和异常以及明显的测量误差。因此，我们首先对数据进行如下处理：（1）由于工业企业数据库每一年都有企业进入和退出，每年数据库中的企业是不同的，本文根据相同的企业代码和名称来识别同一家企业，将企业代码、企业名称和数据年份为空的样本剔除后，得到 2000—2006 年持续经营的 59 126 家企业。接下来我们对这 59 126 家企业进行如下筛选：第一，剔除了任意年份企业应付工资总额和应付福利费总额、工业总产值、固定资产净值年平均余额等关键变量存在缺失值、零值或小于零值的企业样本；第二，剔除了总资产小于固

异较大的对照组样本丢弃，而使用距离加权的匹配法则是对差异较大的对照组样本给予较小的权重。对于有意应用倾向值匹配法的读者，仍然建议使用多种匹配方法，以检验推论结果的稳健度。

作者对数据进行了预处理，将一些不符合要求的企业删除。必须再次强调的是，既然共有 2 万多家企业持续存在 7 年，作者应该汇报这些企业中究竟有多少企业在这 7 年中接受不同的处理；换句话说，倘若在这 7 年中，2 万多家进口企业和非进口企业都鲜少变换贸易形态（接受不同处理），使用面板数据的必要性就大打折扣。

定资产或流动资产、累计折旧小于当期折旧等不符合会计准则的观测值；第三，剔除了从业人员小于 8 人的观测值。经过上述的处理，最后得到了56 168 家企业样本。（2）海关数据库包括进口额、进口商品的种类、数量、价格、目的地等信息，根据研究目的的需要，本文首先剔除了进口额为零值和存在缺失值的样本，由于要根据企业名称和年份将海关库与工业库相匹配，本文剔除了企业名称和数据年份为空的样本。（3）本文通过企业代码和年份将海关数据和企业数据相匹配，最终得到了包含有 25 368 家持续存在的企业、时间跨度为 7 年的面板数据。在 25 368 家持续存在的企业中，4 705 家为处理组进口企业，20 663 家为对照组非进口企业。

（二）统计性描述

1.工资的差异性比较

我们将企业的工资水平（lnwage）定义为企业应付工资总额和应付福利费总额之和与企业从业人员年平均人数比值的对数值。表 2 列出了进口企业和非进口企业的工资差异。从表 2 可以看出，样本期间企业的工资水平呈现逐年稳步上升的趋势，2006 年的工资水平比 2000 年增长了 18.06%。比较进口企业和非进口企业的工资水

结果变量和共变量的描述性统计都说明了实验组和对照组数据高度不平衡，因此匹配法成功的关键势必取决于匹配后变量平衡的程度。

平可以看出,进口企业的工资水平不论是总体还是分年度都高于非进口企业。

⋮

2. 进口企业和非进口企业基于匹配变量的统计性描述

表3列出了样本期间进口企业和非进口企业匹配变量的均值。从表3可以看出,进口企业和非进口企业在匹配变量上存在显著性差异。相对于非进口企业,进口企业在所有变量上都具有比较优势:进口企业具有更高的劳动生产率、更大的企业规模、更长的经营年限、更好的财务状况和更高的外资参与度。

⋮

五、模型估计与实证分析

(一) 匹配平衡性检验

首先进行匹配平衡性检验。由表4可以看出,匹配后,处理组和对照组企业的标准偏差减少了 66% 以上,从 T 检验相伴概率值可以看出,匹配后两组样本在全部匹配变量上均不存在显著差异。根据 Rosenbaum 和 Rubin 的观点,标准偏差越小,说明匹配结果越好,当匹配变量标准偏差的绝对值大于20时认为匹配效果不好。从表4各匹配变量的标准偏差来看,匹配后全部匹配变量标准偏差的绝对值均小于20,说明我们选择的匹配变量是合适的,核匹配结果是有效的。

> 作者进行了平衡检验,检验结果非常良好,实验组和对照组在各个共变量的均值差均无统计显著性,平衡度非常高。

表4　匹配平衡性检验结果

变量	均值		标准偏差/%	标准偏差减少幅度/%	*T*检验相伴概率值
	处理组	对照组			
lnproductivity	5.588	5.553	3.2	92.3	0.235
lnscale	5.289	5.258	2.9	70.5	0.309
lnscale_square	29.179	28.801	3.2	66.9	0.270
lnage	2.616	2.612	1.1	98.4	0.561
lnfinance	−0.908	−0.967	0.2	92.1	0.964
fshare	0.804	0.764	0.7	94.1	0.618

（二）倾向评分匹配估计

⋮

接下来分析企业的进口行为与工资水平因果效应的估计结果。根据表6可以得到如下结论：

第一，由全样本估计结果可知，企业的进口行为对其工资水平产生了显著的促进作用。具体来看，经过倾向评分匹配后进口对处理组企业的平均影响效应为30.08%，且*T*检验值在1%的显著性水平上显著，这说明在解决了内生性问题后，进口企业的工资水平比非进口企业高出30.08%，进口企业存在显著的工资溢价。

第二，由分行业估计的结果可知，尽管进口对不同行业企业工资水平的影响存在差异，但是三大行业的进口工资溢价都在1%的显著性水平

倾向值匹配结果说明进口企业存在工资溢价，无论分行业类型或是从不同区域来看，这个关系都依然存在。表6存在两个问题，第一，数值呈现使用过多的小数位点，不仅无益于阅读，也无益于数值间的比较。在这种情况下，建议使用小数点后两位即可。另外，文中从未说明 ATT 的标准误差如何计算，也未说明使用何种软件操作倾向值匹配，因此我们无从判断两表中的标准误差是否合理、正确。

上显著。进口对资本密集型行业工资水平的影响效应最大,为32.28%,其次是技术密集型行业,最后为劳动密集型行业,分别为 21.58% 和 21.31%。我们认为进口对不同行业工资水平的差异化影响源于由我国比较优势决定的进口产品的行业分布。我国的进口产品主要以资本密集型产品为主,其次是技术密集型产品,尽管劳动密集型产品是我国的出口优势,但是在进口贸易中不具有比较优势。因此,进口对资本密集型行业工资水平的影响效应最大,对劳动密集型行业工资水平的影响最小。

第三,从分区位的估计结果来看,三大区位都存在进口工资溢价。进口对东部地区企业的工资水平影响最大,影响效应为45.41%,对中部和西部地区企业工资水平的影响效应分别为29.89% 和 28.87%。我们认为受我国经济发展政策和区域地理位置的影响,我国大部分的进口企业都集中在东部,另外,东部地区企业进口贸易的离岸成本也低于中西部地区企业。以上因素使进口对东部地区企业工资水平的影响大于中西部地区。

表6　企业进口行为与工资水平因果效应估计结果

ATT	全样本	分行业			分区域		
		劳动密集型	资本密集型	技术密集型	东部	中部	西部
处理组	3.095 2	2.760 7	3.267 2	3.290 1	3.119 2	3.091 4	3.174 1
对照组	2.792 2	2.547 7	2.944 5	3.074 3	2.665 1	2.792 5	2.885 4
差距	0.300 8	0.213 1	0.322 8	0.215 8	0.454 1	0.298 9	0.288 7
标准误	0.012 4	0.013 9	0.023 9	0.025 4	0.013 1	0.052 9	0.046 6
T检验值	24.33	15.36	13.49	8.48	22.85	8.57	6.20

(三) 稳健性检验

1.异常样本点的影响

考虑到进口工资溢价可能会受到企业工资异常值的影响,故将工资异常的样本点进行剔除。我们首先计算样本期间企业工资水平的10%和90%分位数,将工资水平高于90%分位数和工资水平低于10%分位数的企业从样本中剔除,最后得到23 360家样本企业,在这23 360家样本企业中,包括处理组企业3 781家和对照组企业19 579家。从表7的估计结果可以看出,在剔除了企业工资异常值后,尽管进口企业和非进口企业之间的工资差距缩小了,但是进口企业的工资水平仍然高出非进口企业11.59%,且在1%的显著性水平上显著。这说明进口工资溢价不受异常样本点的影响。

稳健性检验中剔除了工资水平异常的企业,在一定程度上进一步确保了共同支持条件的达成。

此外,稳健性检验进一步将企业依照经济性质区分来看,进口企业依然存在工资溢价。前述表6的两个问题在表7中仍然存在,这影响到整体推论的结果,特别是在表7中,国有企业标准误差一栏数值为0.443 5,差距为0.307 6,如果这两栏的数值均无误,那估算得到的 T 值为6.89,明

2. 不同经济性质企业的影响

尽管我们在研究进口对工资的影响时已经对外资参与度进行了控制,但是由于不同经济性质的企业在进口行为、工资标准、福利分配制度等方面存在差异,我们按照企业的经济性质将其进行细分,首先将样本企业分为内资和外资两大类,然后将内资企业细分为国有企业和非国有企业,将外资企业细分为港澳台企业和其他外资企业,来检验进口工资溢价是否存在,估计结果见表7。

显是错误的。无论如何,由于使用的是核匹配法,最简单获得标准误差的方式是重复抽样法,一般应用倾向值匹配法的程序中都会提供相应的选项。

表7　稳健性检验:企业进口行为与工资水平因果效应估计结果

ATT	删除异常样本点	区分企业的经济性质			
		国有企业	非国有企业	港澳台企业	其他外资企业
处理组	2.462 0	3.422 5	3.049 8	2.902 9	3.202 6
对照组	2.346 1	3.114 9	2.744 3	2.726 9	2.894 8
差距	0.115 9	0.307 6	0.305 5	0.176 0	0.307 8
标准误	0.009 1	0.443 5	0.012 8	0.017 5	0.018 1
T检验值	12.74	6.94	23.79	10.08	17.04

从估计结果来看,四类企业都存在进口工资溢价,且在 1% 的显著性水平上显著。比较四类企业可以发现,进口工资溢价在国有企业和非国有企业中差距不大,都为 30% 左右,但是在港澳台企业和其他外资企业间存在较大差异,港澳台企业的进口

工资溢价为 17.6%,而其他外资企业的进口工资溢价为 30.78%。以上分析说明,<u>尽管不同经济性质企业的进口工资溢价存在差异,但是总体来看,进口工资溢价不受企业经济性质的影响。</u>

六、结论和政策建议

本文基于 2000—2006 年中国工业企业数据库和中国海关数据库匹配后的微观数据,运用倾向评分匹配方法检验了进口企业是否存在工资溢价。估计结果表明,<u>进口企业的工资水平比非进口企业高出约 30%,进口企业存在显著的工资溢价。</u>为了验证这一结论的可靠性,我们考虑了企业工资异常的样本点以及企业不同经济性质的影响,检验结果均证实进口工资溢价是显著存在的。我们也将企业按照所处的行业和区域进行分类,从分行业的估计结果来看,进口对资本密集型行业企业工资水平的影响最大,其次是技术密集型行业,最后是劳动密集型行业。从分区域的估计结果来看,进口对东部地区企业工资水平的影响最大,其次是中部地区,最后是西部地区。

……

文中最后一段的讨论,直指本文的两个潜在性问题。第一,内生性的问题,这个问题不能通过使用倾向值匹配法解决,更不能使用动态的数据解决;第二,使用面板数据合适性的问题,我们从这一段最后一句话得知,文中所使用的面板数据并不是"动态的",也就是说,企业的贸易形态在七年的数据观测期间并无变动,这是非常令人遗憾的结果,诚如作者所言,如果企业的贸易形态存在动态的变动,对于本文所关心的因果关系,势必可以提供更多的信息。

> 本文的研究也给我们提供了进一步的研究思路，尽管本文的研究表明进口提高了企业的工资水平，但是进口是否同样促进了企业工资增长率水平的提高？对这一问题的回答将有利于我们更为全面地评价进口贸易对社会福利的影响。另外由于数据的限制，本文没有考虑企业的进口动态对工资的影响，<u>未来的研究可以检验不同类型的进口企业（如新进口企业、中断的进口企业和持续的进口企业）与非进口企业之间工资水平的差异，以便丰富对进口工资溢价的认识。</u>

本文最突出的重点无疑是作者为确保倾向值匹配法的有效性，进行了平衡性和共同支持域的检验，尤其是使用倾向值进行数据调整，来满足共同支持域（分布重合）条件的方法，可以供即将应用倾向值匹配法进行研究的读者学习参考，不过建议读者在使用这个方法之余，仍然要利用简单的条状图或散点图进行检验，毕竟，如同作者在文中引用 Imbens（2000）一文指出，满足共同支持域是确保倾向值匹配法估计结果有效性的条件之一。

其次，本文声称，使用倾向值匹配法可以解决因变量和自变量互为因果的问题（内生性问题），目前在方法论上存在争议。不过，借用工具变量方法的理论（解决内生性问题的经典方法）来简单解释这个争论，其实答案是不辩自明的。

在工具变量方法的理论中,使用工具变量可以解决内生性的问题。那么假设我们使用共变量 $\mathbf{X}$ 来估计处理变量 Z,而 $\mathbf{X}$ 又可以很好地预测工具变量 IV(IV 是不可观测到变量,否则直接使用 IV 解决内生性问题即可),那么经过匹配后,的确可以解决内生性的问题。然而,在匹配的过程中,我们无法验证是否控制了所有应该控制的共变量 $\mathbf{X}$(无法验证,只能使用敏感性分析,迂回地说明那些无法观测到和控制的共变量不会影响推论结果),当然也无法确定已控制的共变量 $\mathbf{X}$ 是否可以很好地预测到本身也无法观测到的工具变量 IV,在这两个双重不确定的因素下,声称使用倾向值匹配法可以解决内生性问题,自然是比较大胆的主张。

最后,本文也未进行推论结果的敏感性分析,这是整个分析步骤和结论中的硬伤,关于这一点,评述前面几个案例时都已详述,此处不再赘述。

第 4 章

应用 R 软件和 STATA 软件
实现倾向值匹配法

R 是自由、免费、源代码开放的软件（R Core Team 2014），研究人员及学者可以自由地撰写及开发应用各种统计方法的程序包（packages），以供他人使用。倾向值匹配法的发展日新月异，需要不同的编程来适配不同方法，R 自由、免费、开放的特性，使得倾向值匹配法在 R 软件上的实现，比其他商业软件如 STATA、SPSS 等来得全面。一个有趣的现象是，投入软件程序包开发的学者，多是政治学学者。这大概与政治学方法论学者在 2000 年后，从计量经济学引进倾向值匹配法有一定的关系。

STATA 则是广为经济学学者使用的统计软件，因此投入开发在 STATA 软件下，应用倾向值匹配法的程序，也多为经济学者。然而，在目前 STATA 软件预设的程序中，并未提供实现倾向值匹配法的程序，使用者必须通过用户编写程序平台获取这些程序插件。不同于 STATA 软件本身需要高额的购买费用，这些程序插件都是无偿提供的。

以下先依序介绍常用的 R 和 STATA 程序包和插件，然后使用同一组数据，按照倾向值匹配法的分析步骤，依序介绍这些程序的使用方法。以下内容需要读者在一定程度上熟悉 R 和 STATA 软件的基本操作，如读者从未接触过 R 和 STATA 软件，请先阅读相关 R 和 STATA 软件的学习书籍。

4.1　R 程序包

目前所有实现倾向值匹配法的 R 程序包，由于不是 R 软件的预设包，因此使用者必须在命令栏中，键入安装程序包的命令，联

网下载这些程序包。并在每次使用这些程序包之前,键入呼叫命令使用它们,例如:

```
R> install.packages("MatchIt")      # 安装程序包
R> library(MatchIt)                 # 呼叫程序包
```

以下是几个常用的实现倾向值匹配法的 R 程序包:

- **MatchIt**:由哈佛大学政治学者 Gary King 博士的研究团队负责开发(Ho, Imai, King and Stuart,2011),可以实现的匹配方法有最近邻匹配法、马氏距离匹配法、卡尺匹配法、精确匹配法、子分类匹配法、最佳匹配法和完全匹配法,同时可以实现若干匹配后的检验。不过,这个程序包仅仅提供匹配程序,匹配后处理效用的估算,必须搭配由同一研究团队研发的 **Zelig**(Owen, Imai, King and Lau,2013)程序包实现。

- **Matching**:由加州大学伯克利分校政治学者 Jasjeet S. Sekhon 博士开发撰写(Sekhon,2011)。该程序包的一大特点是,它能够基于单变量和多变量平衡检验的统计量,实现自动化匹配样本选择。程序包中提供的匹配方法主要采用 1 对多、样本可替代或不可替代的方法,包含卡尺匹配法、精确匹配法。程序包可以实现匹配后处理效用和变异量的估算。

- **optmatch**:由密西根大学安娜堡分校统计学者 Ben B. Hansen 博士主持开发撰写(Hansen and Klopfer,2006),程序包主要实现最佳匹配法,也是在所有实现最佳匹配的软件中,运算速度最快的。

- **rbounds**:由宾州州立大学政治学者 Luke Keele 博士撰写,

主要可以实现 Rosenbaum（2002）的敏感性检验。其中，包含结果变量为连续型变量和二元型变量的敏感性检验。

4.2 STATA 程序插件

目前所有实现倾向值匹配法的 STATA 程序，由于不是 STATA 软件的预设程序，因此使用者必须在命令栏中键入程序插件名称，联网搜索并下载这些插件，例如：

```
STATA> findit psmatch2        % 联网找寻套件
```

以下是几个常用的实现倾向值匹配法的 STATA 程序插件：

- psmatch2：由挪威奥斯陆大学（University of Oslo）经济学家 Edwin Lueven 博士和英国伦敦财政研究院（Institute of Fiscal Studies）资深研究员 Barbara Sianesi 博士所共同撰写（Lueven and Sianesi，2015）。可以实现的匹配方法有 1 对 1 和 1 对多最近邻匹配法、半径匹配法、核匹配法、马氏距离匹配法等匹配方法，并可以实现匹配后平衡情况的检验，以及匹配后处理效用的估算。

- pscore：由英国华威大学（University of Warwick）经济学家 Sascha O.Becker 博士和意大利欧洲大学研究院经济学家 Andrea Ichino 博士共同开发（Becker and Ichino，2002）。可以实现的匹配方法有 1 对 1 和 1 对多最近邻匹配法、半径匹配法、核匹配法、子分类匹配法等匹配方法，并可以实现匹配后处理效用的估算。

- **nnmatch**：由哈佛大学经济学家 Alberto Abadie 博士等人共同开发(Abadie, Drukker, Herr and Imbens,2004)。主要实现的是 1 对 1 和 1 对多最近邻匹配法,并可以实现匹配后处理效用的估算。

- **rbounds**：由德国法兰克福大学(Goethe-University Frankfurt am Main)社会学家 Markus Gangl 博士撰写(Gangl,2004)。主要实现当结果变量为连续型变量时的 Rosenbaum(2002)敏感性检验。

- **mhbounds**：由英国华威大学(University of Warwick)经济学家 Sascha O. Becker 博士和德国波茨坦大学(Potsdam University)经济学家 Marco Caliendo 博士共同撰写(Becker and Caliendo,2007)。主要实现当结果变量为二元型变量时的 Rosenbaum (2002)敏感性检验。

4.3 使用 R 进行倾向值匹配分析 LaLonde 数据

在本节和第 4.4 节中,软件实作演练所使用的数据均来自 LaLonde(1986)一文中的实验数据。1970 年代中期,美国政府在全国 10 个城市进行了一项为期 9~18 个月不等的临时性就业训练计划,政府保障在计划期间,每一位参与者都拥有一份工作。为了评估训练计划的成效,这项计划进行了实验设计,参与者随机地被分配到实验组和对照组,实验组的参与者可以享受这项训练计划中所有的好处和协助,而对照组的参与者则必须自力更生。在训练计划结束后,计划执行方追踪调查所有的参与者,了解他们参与计划后收入是否增加了。

这项具有实验性质的训练计划,其目的是期望通过实验组和对照组的比较,发掘训练计划究竟有否成效。由于实验组的参与者在训练期间得到计划的帮助,按照预期,在接受训练后,应该会比对照组的成员有更好的能力和机会获得工作,因此,收入也会相对来得高些。

LaLonde 这个数据有着较好的实验设计,因此而成为因果推论的教材中的数据范本。为了更好地与其他教材进行连接,本书也使用 LaLonde 数据进行实作演练。以下是这个数据中各个变量的介绍,其中数据中 treat 为处理变量,而 r78 为结果变量。

表 4.1　LaLonde 数据中的变量

变量名称	变量内容
age	参与者出生年
educ	受过几年教育
black	指标变量,1 为黑人,0 为非黑人
hisp	指标变量,1 为西班牙裔,0 为非西班牙裔
married	指标变量,1 为已婚,0 则非已婚
nodegr	指标变量,1 为拥有高中学历证书,0 则无
re74	参与者 1974 年的收入
re75	参与者 1975 年的收入
re78	参与者 1978 年的收入
treat	指标变量,1 为实验组,0 为对照组

Matching 套件范例

以下的演练,首先以 Matching 程序包为例。第一步,将程序包中的 LaLonde 数据载入:

```
R> library("Matching")      # 载入 Matching 程序包
R> data("lalonde")          # 呼叫程序包中的 lalonde 数据
R> attach(lalonde)          # 将 lalonde 数据挂入记忆体中便于取用
```

数据中,结果变量为 re78,处理变量为 treat。

接下来,使用 logistic 回归模型估计倾向值:

```
R> m1 <- glm(treat ~ age + educ + black + hisp + married +
  nodegr + re74 + re75, family = binomial(link="logit"))
```

使用程序包中 Match( )程序进行 1 对 1 样本(M = 1)可替代(replace = TRUE)和 1 对 1 样本不可替代(replace = FALSE)的最近邻匹配法,并要求其返回 ATT 估计值(estimand = "ATT"),使用者可以针对关心的处理效用估计值修改 estimand 参数,例如,"ATE" 和"ATC"分别代表平均处理效用和控制组平均处理效用。pm1 $ fitted 即从 pm1 这个 logistic 回归模型返回的 R 物件中,抽取单元接受处理 treat 的预测概率值,为倾向值:

```
R> pm1 <- Match(Y = re78, Tr = treat, X = m1 $ fitted,
    estimand = "ATT", M = 1, replace = TRUE)
R> summary(pm1)

Estimate...  2624.3
AI SE......  802.19
T-stat.....  3.2714
p.val......  0.0010702

Original number of observations............  445
Original number of treated obs............  185
Matched number of observations............  185
Matched number of observations (unweighted).  344

R> pm2 <- Match(Y = re78, Tr = treat, X = m1 $ fitted,
    estimand = "ATT", M = 1, replace = FALSE)
R> summary(pm2)
```

```
Estimate...   1923.8
SE.........   651.24
T-stat.....   2.9541
p.val.......  0.003136

Original number of observations..................  445
Original number of treated obs...................  185
Matched number of observations...................  185
Matched number of observations (unweighted).......  185
```

从 R 视窗返回的结果得知,使用 1 对 1 样本可替代匹配法,实验组平均处理效用为 2 624.3,处理效用的标准误为 802.2, t 值为 3.27,显著水平为 0.001>0.05(95%的显著水平),说明估计的实验组平均处理效用具有统计显著性;使用 1 对 1 样本不可替代匹配法,实验组平均处理效用为 1 923.8,处理效用的标准误为 651.2, t 值为 2.95,显著水平为 0.003>0.05,说明估计的实验组平均处理效用具有统计显著性;由于在两个方法匹配过程中,使用的样本有所不同,所以估计得到的实验组平均处理效用会有些许差异。

接下来,我们使用 MatchBalance() 程序来检验匹配中使用的共变量在匹配后是否较匹配前更为平衡了。nboots 这个参数决定了平衡检验时所进行重复抽样的次数,这样做的目的是在进行 Kolmogorov-Smirnov 检验时,能够获得更正确的信用区间,一般建议 nboots>1 000。

由于匹配模型 pm1 估计的是实验组平均处理效用,使用的是最近邻匹配法,所以实验组的样本在匹配前后不会改变,因此在各个共变量实验组样本的均值(mean treatment)匹配前后不会改变,但是对照组样本就不同了,由于使用的是 1 对 1(对照组)样本可替代的匹配法,所以并不是所有的对照组样本都会被实验组样本选择成为匹配样本,在某些未被匹配的对照组样本被丢弃不用的情况下,各个共变量对照组样本的均值,在匹配前后便会发生变化。

以年龄(age)这个变量为例,实验组样本匹配前后均值都是25.8 岁,但是对照组的样本从匹配前的 25.1 岁变成了 25.7 岁,匹配后对照组年龄的均值与实验组年龄的均值更为接近了,这说明匹配发生了效果,两组间的样本在年龄这个变量上平衡了不少,T-test p-value 则表示均值差是否是统计显著的,匹配前后,age 组间均值差的数值均大于 0.05,说明了匹配前后实验组和对照组 age 的均值在统计上是无差异的;匹配前后,Kolmogorov-Smirnov(KS)检验的 p 值也都大于 0.05,说明了使用 KS 检验法检验 age 在实验组和对照组的分布,在统计上也是无差异的。

std mean diff 代表的则是标准化后的组间均值差,可以用来比较不同共变量间平衡值的差异,例如,age 标准化后的组间均值差为 1.73,而 educ 标准化后的组间均值差为 9.97,说明了匹配后,age 较 educ 更为平衡。

```
R> mb <- MatchBalance(treat ~ age + educ + black + hisp + married +
+ nodegr + re74 + re75,
+ match.out = pm1, nboots = 1000, data = lalonde)

***** (V1) age *****
```

	Before Matching	After Matching
mean treatment........	25.816	25.816
mean control..........	25.054	25.692
std mean diff........	10.655	1.7342
mean raw eQQ diff.....	0.94054	0.73837
med raw eQQ diff.....	1	0
max raw eQQ diff.....	7	9
mean eCDF diff........	0.025364	0.021893

med eCDF diff........	0.022193	0.020349
max eCDF diff........	0.065177	0.061047
var ratio (Tr/Co).....	1.0278	1.083
T-test p-value........	0.26594	0.84975
KS Bootstrap p-value..	0.512	0.386
KS Naive p-value......	0.7481	0.54314
KS Statistic..........	0.065177	0.061047

* * * * * (V2) educ * * * * *

	Before Matching	After Matching
mean treatment........	10.346	10.346
mean control.........	10.088	10.146
std mean diff........	12.806	9.9664
mean raw eQQ diff.....	0.40541	0.23256
med raw eQQ diff.....	0	0
max raw eQQ diff.....	2	2
mean eCDF diff.......	0.028698	0.016611
med eCDF diff........	0.012682	0.010174
max eCDF diff........	0.12651	0.061047
var ratio (Tr/Co).....	1.5513	1.2344
T-test p-value........	0.15017	0.1842
KS Bootstrap p-value..	0.009	0.215
KS Naive p-value......	0.062873	0.54314
KS Statistic..........	0.12651	0.061047

* * * * * (V3) black * * * * *

	Before Matching	After Matching
mean treatment........	0.84324	0.84324
mean control.........	0.82692	0.86847
std mean diff........	4.4767	-6.9194
mean raw eQQ diff.....	0.016216	0.026163
med raw eQQ diff.....	0	0
max raw eQQ diff.....	1	1

```
mean eCDF diff........     0.0081601          0.013081
med eCDF diff........      0.0081601          0.013081
max eCDF diff........      0.01632            0.026163


var ratio (Tr/Co).....     0.92503            1.1572
T-test p-value........     0.64736            0.40214
```

***** (V4) hisp *****

	Before Matching	After Matching
mean treatment........	0.059459	0.059459
mean control..........	0.10769	0.04955
std mean diff........	-20.341	4.1792
mean raw eQQ diff.....	0.048649	0.011628
med raw eQQ diff.....	0	0
max raw eQQ diff.....	1	1
mean eCDF diff........	0.024116	0.005814
med eCDF diff........	0.024116	0.005814
max eCDF diff........	0.048233	0.011628
var ratio (Tr/Co).....	0.58288	1.1875
T-test p-value........	0.064043	0.46063

***** (V5) married *****

	Before Matching	After Matching
mean treatment........	0.18919	0.18919
mean control..........	0.15385	0.18423
std mean diff........	8.9995	1.2617
mean raw eQQ diff.....	0.037838	0.026163
med raw eQQ diff.....	0	0
max raw eQQ diff.....	1	1
mean eCDF diff........	0.017672	0.013081
med eCDF diff........	0.017672	0.013081
max eCDF diff........	0.035343	0.026163
var ratio (Tr/Co).....	1.1802	1.0207

```
T-test p-value........    0.33425          0.89497

***** (V6) nodegr *****
                         Before Matching   After Matching
mean treatment........   0.70811           0.70811
mean control..........   0.83462           0.76757
std mean diff.........   -27.751           -13.043

mean raw eQQ diff.....   0.12432           0.043605
med raw eQQ diff.....    0                 0
max raw eQQ diff.....    1                 1

mean eCDF diff........   0.063254          0.021802
med eCDF diff........    0.063254          0.021802
max eCDF diff........    0.12651           0.043605

var ratio (Tr/Co).....   1.4998            1.1585
T-test p-value........   0.0020368         0.0071385

***** (V7) re74 *****
                         Before Matching   After Matching
mean treatment........   2095.6            2095.6
mean control..........   2107              2193.3
std mean diff.........   -0.23437          -2.0004

mean raw eQQ diff.....   487.98            869.16
med raw eQQ diff.....    0                 0
max raw eQQ diff.....    8413              10305

mean eCDF diff........   0.019223          0.054701
med eCDF diff........    0.0158            0.050872
max eCDF diff........    0.047089          0.12209

var ratio (Tr/Co).....   0.7381            0.75054
T-test p-value........   0.98186           0.84996
KS Bootstrap p-value..   0.572             < 2.22e-16
KS Naive p-value......   0.97023           0.011858
KS Statistic..........   0.047089          0.12209
```

```
***** (V8) re75 *****
                        Before Matching      After Matching
mean treatment........   1532.1              1532.1
mean control.........    1266.9              2179.9
std mean diff.........   8.2363              -20.125

mean raw eQQ diff.....   367.61              590.34
med raw eQQ diff.....    0                   0
max raw eQQ diff.....    2110.2              8092.9

mean eCDF diff........   0.050834            0.050338
med eCDF diff........    0.061954            0.049419
max eCDF diff........    0.10748             0.098837

var ratio (Tr/Co).....   1.0763              0.56563
T-test p-value........   0.38527             0.079002
KS Bootstrap p-value..   0.051               0.013
KS Naive p-value......   0.16449             0.069435
KS Statistic.........    0.10748             0.098837


Before Matching Minimum p.value: 0.0020368
Variable Name(s): nodegr Number(s): 6

After Matching Minimum p.value: < 2.22e-16
Variable Name(s): re74 Number(s): 7
```

　　我们可以使用"分位数对比分位数图"（Quantile-Quantile Plot），更直观地检验对照各个共变量在匹配后是否更加平衡。图 4.1 检验的是 age 和 re74 这两个变量匹配后平衡的情况。为了更好地观察平衡的情况，我们在图 4.1 中画一条斜率为 1 的参照线，如果共变量在实验组和对照组间差异不大的情况下，我们预期看到图中的空心圆点会紧紧地分布在这条参照线上，因为当两组数据高度相关时，它们的相关系数便会趋近于 1（亦即图中参照线的斜率）。明显的，图 4.1 左图呈现变量匹配后平衡的情况较右图来得好，此外，我们也可以在图 4.1 左图观察到，匹配后的样本，在年龄 30~40 岁的群体,平衡状况不佳,空心圆点偏离参照线。

```
R> par(mfrow=c(1,2), mar=c(3,3,3,1), mgp=c(2,0.2,0), tcl=-0.2)
R> qqplot(lalonde $ age[pm1$ index.control], lalonde $ age[pm1 $ index.treated],
+   xlim=c(20,50), ylim=c(20,50),
+   xlab="Control Observations", ylab="Treatment Observations", main="age")
R> abline(coef = c(0, 1), lty=2)
R> qqplot(lalonde $ re74[pm1 $ index.control], lalonde $ re74[pm1 $ index.treated],
+   xlim=c(0,35000), ylim=c(0,35000),
+   xlab="Control Observations", ylab="Treatment Observations", main="re74")
R> abline(coef = c(0, 1), lty=2)
```

图 4.1 通过分位数比较的方式显示了共变量平衡的情况,事实上,从 MatchBalance( ) 程序返回的数值结果,说明了类似的结果,例如,age 的 mean eQQ diff 说明了匹配后均值分位数的差异的确大幅度地缩小了,平衡情况改善了;但是 re74 在匹配后,均值分位数的差异(mean raw eQQ diff)和最大值分位数的差异(max raw eQQ diff)都变大了,说明匹配后,re74 的平衡情况反而变糟了。

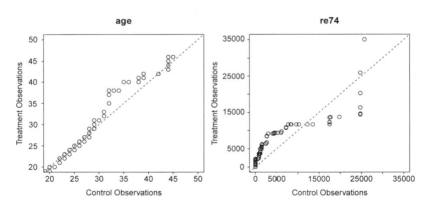

图 4.1　使用 qqplot( ) 程序检验匹配前后共变量的平衡情况

注:图中空心圆点分布得越靠近度参照线(图中斜率为 1 的虚线),说明匹配后变量平衡的情况越好,明显的,年龄 age 变量(左图)在匹配后,比参与者 1974 年收入 re74 变量(右图)平衡的情况佳。

　　基于以上分析,匹配后,共变量在实验组和对照组之间的平衡情况仍然不佳,也就是说,共变量在两组间的差异仍然不小,所以使用者应该进行适当的调整,务求共变量在实验组和对照组之间能够平衡。Sekhon(2011)等人编写的 Matching 程序包中的 GenMatch( )程序,可以自动进行调整,找寻最适合的匹配,最小化各个共变量在组间的差异。首先,在 GenMatch( )程序中,给定 X 和 BalanceMatrix 两参数由共变量组成的矩阵,一般情况下,X(用来估计倾向值的共变量)和 BalanceMatrix(用来决定两组间哪些是需要平衡的共变量)是相同的,然而在一些情况下,某些共变量对于实验处理并不是特别重要,但是强迫这些共变量达到平衡,反而会影响到其他更为重要共变量平衡的情况,所以使用者可以选择在 BalanceMatrix 参数中不提供这些共变量。为了简化分析过程,在以下的分析过程中,我们对两参数提供相同的共变量矩阵。

　　GenMatch( )程序自动适配匹配后,我们将它匹配的结果当成权重提供给 Match( )程序,得到的结果与先前的分析结果又截然不同:

```
R> X <- cbind(age, educ, black, hisp, married, nodegr, re74, re75)
R> set.seed(1)
R> genout <- GenMatch(Tr=treat, X=pm1 $ fitted,
   BalanceMatrix=X, estimand="ATT")
R> mout <- Match(Y=Y, Tr=treat, X=pm1 $ fitted,
   estimand="ATT", Weight.matrix=genout)
R> summary(mout)

Estimate...  2439.3
AI SE......  813.4
T-stat.....  2.9989
p.val......  0.0027099
```

```
Original number of observations.............. 445
Original number of treated obs.............. 185
Matched number of observations.............. 185
Matched number of observations (unweighted). 489
```

我们再使用MatchBalance( )程序查看GenMatch( )程序匹配的结果是否改进了共变量平衡的情况。从以下的分析结果看来,各个共变量平衡的情况,均较先前的结果有了大幅度的改进,标准化均值差和分位数差都变小了。

```
R> mb1 <- MatchBalance(treat ~ age + educ + black + hisp + married +
+  nodegr + re74 + re75,
+  match.out = mout, nboots = 1000, data = lalonde)
```

***** (V1) age *****

	Before Matching	After Matching
mean treatment........	25.816	25.816
mean control.........	25.054	25.217
std mean diff........	10.655	8.3769
mean raw eQQ diff.....	0.94054	0.46217
med raw eQQ diff.....	1	0
max raw eQQ diff.....	7	9
mean eCDF diff........	0.025364	0.012952
med eCDF diff........	0.022193	0.010225
max eCDF diff........	0.065177	0.03681
var ratio (Tr/Co).....	1.0278	1.2224
T-test p-value........	0.26594	0.3519
KS Bootstrap p-value..	0.533	0.714
KS Naive p-value......	0.7481	0.89488
KS Statistic..........	0.065177	0.03681

***** (V2) educ *****

	Before Matching	After Matching
mean treatment........	10.346	10.346
mean control.........	10.088	10.188

```
std mean diff........    12.806                  7.8605

mean raw eQQ diff.....   0.40541                 0.17587
med raw eQQ diff.....    0                       0
max raw eQQ diff.....    2                       2

mean eCDF diff........   0.028698                0.012562
med eCDF diff.......     0.012682                0.010225
max eCDF diff........    0.12651                 0.03681

var ratio (Tr/Co).....   1.5513                  1.2791
T-test p-value........   0.15017                 0.2847
KS Bootstrap p-value..   0.015                   0.457
KS Naive p-value......   0.062873                0.89488
KS Statistic..........   0.12651                 0.03681

* * * * * (V3) black * * * * *
                         Before Matching         After Matching
mean treatment........   0.84324                 0.84324
mean control..........   0.82692                 0.868
std mean diff........    4.4767                  -6.7917

mean raw eQQ diff.....   0.016216                0.034765
med raw eQQ diff.....    0                       0
max raw eQQ diff.....    1                       1

mean eCDF diff........   0.0081601               0.017382
med eCDF diff.......     0.0081601               0.017382
max eCDF diff........    0.01632                 0.034765

var ratio (Tr/Co).....   0.92503                 1.1537
T-test p-value........   0.64736                 0.41503

* * * * * (V4) hisp * * * * *
                         Before Matching         After Matching
mean treatment........   0.059459                0.059459
mean control..........   0.10769                 0.057132
std mean diff........    -20.341                 0.98148
```

```
mean raw eQQ diff.....      0.048649              0.00818
med raw eQQ diff.....          0                     0
max raw eQQ diff.....          1                     1

mean eCDF diff........      0.024116              0.00409
med eCDF diff........       0.024116              0.00409
max eCDF diff........       0.048233              0.00818

var ratio (Tr/Co).....     0.58288               1.0382
T-test p-value........      0.064043              0.86677
```

***** (V5) married *****

```
                        Before Matching       After Matching
mean treatment........      0.18919               0.18919
mean control..........      0.15385               0.18101
std mean diff........       8.9995                2.0837

mean raw eQQ diff.....  ·   0.037838              0.018405
med raw eQQ diff.....          0                     0
max raw eQQ diff.....          1                     1

mean eCDF diff........      0.017672              0.0092025
med eCDF diff........       0.017672              0.0092025
max eCDF diff........       0.035343              0.018405

var ratio (Tr/Co).....     1.1802                1.0348
T-test p-value........      0.33425               0.83168
```

***** (V6) nodegr *****

```
                        Before Matching       After Matching
mean treatment........      0.70811               0.70811
mean control..........      0.83462               0.75333
std mean diff........      -27.751               -9.9207

mean raw eQQ diff.....      0.12432               0.034765
med raw eQQ diff.....          0                     0
max raw eQQ diff.....          1                     1

mean eCDF diff........      0.063254              0.017382
```

med eCDF diff........	0.063254	0.017382
max eCDF diff........	0.12651	0.034765
var ratio (Tr/Co).....	1.4998	1.1123
T-test p-value........	0.0020368	0.04177

* * * * * (V7) re74 * * * * *

	Before Matching	After Matching
mean treatment........	2095.6	2095.6
mean control..........	2107	2018.1
std mean diff.........	-0.23437	1.5857
mean raw eQQ diff.....	487.98	648.91
med raw eQQ diff.....	0	0
max raw eQQ diff.....	8413	10305
mean eCDF diff........	0.019223	0.037077
med eCDF diff........	0.0158	0.033742
max eCDF diff........	0.047089	0.087935
var ratio (Tr/Co).....	0.7381	0.86668
T-test p-value........	0.98186	0.87945
KS Bootstrap p-value..	0.573	< 2.22e-16
KS Naive p-value......	0.97023	0.045591
KS Statistic..........	0.047089	0.087935

* * * * * (V8) re75 * * * * *

	Before Matching	After Matching
mean treatment........	1532.1	1532.1
mean control..........	1266.9	2079.5
std mean diff.........	8.2363	-17.005
mean raw eQQ diff.....	367.61	532.46
med raw eQQ diff.....	0	0
max raw eQQ diff.....	2110.2	8092.9
mean eCDF diff........	0.050834	0.040137
med eCDF diff........	0.061954	0.0409
max eCDF diff........	0.10748	0.083845

var ratio (Tr/Co).....	1.0763	0.64518
T-test p-value........	0.38527	0.12154
KS Bootstrap p-value..	0.063	0.01
KS Naive p-value......	0.16449	0.06428
KS Statistic.........	0.10748	0.083845

```
Before Matching Minimum p.value: 0.0020368
Variable Name(s): nodegr Number(s): 6

After Matching Minimum p.value: < 2.22e-16
Variable Name(s): re74 Number(s): 7
```

接着,我们再使用 qqplot( )程序检验 GenMatch( )程序匹配后 age 和 re74 变量平衡的情况,作为先前分析结果的比较。明显的,图 4.2 左图和右图两个图中的空心圆点都较图 4.1 中分布得更靠近斜率为 1 的参考线,说明这两个共变量在使用 GenMatch( )程序匹配后,平衡的情况较先前分析的结果有一定的改进;不过,图4.2 右图显示了使用 GenMatch( )程序匹配后,re74 这个变量仍有改进的空间;实验组和对照组收入大于 10 000 的参与者,存在着较大的差异(不平衡)。

```
R> par(mfrow=c(1,2), mar=c(3,3,1,1), mgp=c(2,0.2,0), tcl=-0.2)
R> qqplot(lalonde$age[mout$index.control], lalonde$age[mout$index.treated],
+  xlim=c(20,50), ylim=c(20,50),
+  xlab="Control Observations", ylab="Treatment Observations", main="age")
R> abline(coef = c(0, 1), lty=2)
R> qqplot(lalonde$re74[mout$index.control], lalonde$re74[mout$index.treated],
+  xlim=c(0,35000), ylim=c(0,35000),
+  xlab="Control Observations", ylab="Treatment Observations", main="re74")
R> abline(coef = c(0, 1), lty=2)
```

最后,我们使用 Keele(2014)撰写的 rbounds 程序包进行匹配后结果的敏感性分析。首先,我们先使用 psens( )程序进行 Wilcoxon 符号秩检验。观察以下结果发现,当 $\Gamma=1.3$,Wilcoxon 符号秩检验的上界就超过了 0.05,说明了当匹配的两个单元接触处

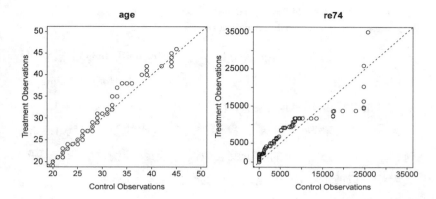

图 4.2　使用 qqplot( )程序检验 GenMatch( )程序匹配前后共变量的平衡情况

注:图中空心圆点分布得越靠近度参照线(图中斜率为 1 的虚线),说明匹配后变量平衡情况越好。比较图 4.1,年龄 age 变量(左图)和参与者 1974 年收入 re74 变量(右图),在匹配后,平衡的情况都有改善。

理发生比为 1.3 时,就可以改变原先对于处理效用的结论;也就是说,这个隐藏性偏差的影响不必太大就可以改变原来的结论,因此分析结果对于隐藏性偏差的影响是非常敏感的,结论是不可靠的。

```
R> psens(x = mout, Gamma = 2, GammaInc = 0.1)
  Rosenbaum Sensitivity Test for Wilcoxon Signed Rank P-Value
Unconfounded estimate ....  1e-04

  Gamma Lower bound Upper bound
   1.0    1e-04       0.0001
   1.1    0e+00       0.0015
   1.2    0e+00       0.0142
   1.3    0e+00       0.0693
   1.4    0e+00       0.2048
   1.5    0e+00       0.4152
   1.6    0e+00       0.6393
   1.7    0e+00       0.8140
   1.8    0e+00       0.9191
   1.9    0e+00       0.9699
   2.0    0e+00       0.9903
```

Note: Gamma is Odds of Differential Assignment To
Treatment Due to Unobserved Factors

接着,我们使用 `hlsens( )`程序进行 Hodges-Lehmann 点估计
检验法。观察以下结果可以发现,在 $\Gamma = 1.5$ 时,Hodges-Lehmann
点估计的 95%信用区间就包含了 0,说明了处理效用在 $\Gamma = 1.5$ 时
是无效的;当匹配的两个单元接触处理发生比的差异仅为 1.5 倍
时,原先对于处理效用的结论就会被改变,隐藏性偏差的影响不必
太大就可以改变结论,因此匹配后的结论是不可靠的。

```
R> hlsens(x = mout, Gamma = 2, GammaInc = 0.1)
  Rosenbaum Sensitivity Test for Hodges-Lehmann Point Estimate
Unconfounded estimate .... 1527.95

  Gamma Lower bound Upper bound
   1.0  1527.900000    1527.9
   1.1   917.250000    1580.2
   1.2   608.050000    1918.7
   1.3   338.450000    2141.0
   1.4   114.850000    2407.3
   1.5    -0.050046    2631.4
   1.6  -154.050000    2850.3
   1.7  -378.150000    3072.7
   1.8  -545.350000    3258.1
   1.9  -706.350000    3474.2
   2.0  -867.650000    3678.9
```

Note: Gamma is Odds of Differential Assignment To
Treatment Due to Unobserved Factors

敏感性分析说明了以上分析存在着隐藏性偏差,因此还必须
考虑加入其他的共变量,重新进行匹配,然后再进行敏感性分析,
查核更新后的匹配是否能通过检验。

最后,我们还必须进行共同支持域的查验。在 `Match( )`程序
中,提供了 CommonSupport 这个开关参数,如果使用者想要进行

共同支持域的分析,可以令 CommonSupport = TRUE,在匹配时, Match( )程序就会自动将实验组样本中倾向值大于或小于对照组 样本倾向值最大值或最小值的样本丢弃不用。以 **pm1** 这个估计倾 向值的模型为例,丢弃的实验组样本共有 **4** 个。

```
R> sum(m1 $ fitted[treat = =1] > max(m1 $ fitted[treat = =0]) )
[1] 4
R> sum(m1 $ fitted[treat = =1] < min(m1 $ fitted[treat = =0]) )
[1] 0
```

　　比较实际运行 Match( )程序的结果,我们发现,实验组样本 从原先的 185 个减少至 181 个,共有 4 个样本因为缺乏共同支持 域而被丢弃不用了。读者必须注意的是,由于这个分析方法丢弃 了实验组样本,因此,我们在进行因果推论论述时,就必须注意此 时的实验组平均处理效用并不能代表实验组样本总体。

　　所以一般来说,我们建议将共同支持域的分析当成一种稳健 性检验(Robust test),分析在考量和不考量共同支持域的情况下, 估计得到平均处理效用的差异,如果差异是小的,当然可以忽略匹 配是否满足共同支持域的条件,并称其分析结果对共同支持域条 件的要求是稳健的;反之,我们就必须接受共同支持域分析返回的 结果,谨慎地进行因果推论论述。

　　在以下展示中,我们发现 mout2(有查验共同支持域)获得的 实验组平均处理效用(2310),与前面展示的 mout(无查验共同支 持域)获得的实验组平均处理效用(2439)存在差异;因此,必须重 新考虑倾向值匹配分析过程是否有可以改进的空间。

```
R> mout2 <- Match(Y=re78, Tr=treat, X=m1 $ fitted, estimand="ATT",
  Weight.matrix=genout, CommonSupport=TRUE)
R> summary(mout2)
```

```
Estimate...  2310.4
AI SE......  823.01
T-stat.....  2.8073
p.val......  0.0049965

Original number of observations.............  430
Original number of treated obs..............  181
Matched number of observations..............  181
Matched number of observations (unweighted).  471
```

MatchIt 套件范例

MatchIt 程序包可以轻易实现本书第 2.2 节介绍的数种匹配方法,程序码如下:

```
R> library(MatchIt)
R> data(lalonde)
R> set.seed(1)      # 固定随机种子数
R> # 精确匹配法
R> mExact <- matchit(treat ~ age + educ + black + hispan + married +
+  nodegree + re74 + re75, data = lalonde, method = "exact")
R> # 区间匹配法
R> mInterval <- matchit(treat ~ age + educ + black + hispan + married +
+  nodegree + re74 + re75, data=lalonde, method="subclass", subclass=6)
R> # 1 对 1 最近邻匹配法
R> mNearest1v1 <- matchit(treat ~ age + educ + black + hispan + married +
+  nodegree + re74 + re75, data=lalonde, method="nearest", ratio=1)
R> # 1 对 2 最近邻匹配法
R> mNearest1v2 <- matchit(treat ~ age + educ + black + hispan + married +
+  nodegree + re74 + re75, data=lalonde, method="nearest", ratio=2)
R> # 马氏距离匹配法
R> mMahalanobis <- matchit(treat ~ age + educ + black + hispan + married +
+  nodegree + re74 + re75, data = lalonde, method = "nearest",
+  distance = "mahalanobis")
R> # 最佳匹配法
R> mOptimal <- matchit(treat ~ age + educ + black + hispan + married +
+  nodegree + re74 + re75, data=lalonde, method="optimal", ratio=2)
```

为了比较前面 Matching 程序包的展示结果,我们选择 1 对 1

最近邻匹配法的结果进行分析：

```
R> print(mNearest1v1)

Call:
matchit(formula = treat ~ age + educ + black + hispan + married +
    nodegree + re74 + re75, data = lalonde, method = "nearest",
    ratio = 1, replace = FALSE)

Sample sizes:
          Control Treated
All           429     185
Matched       185     185
Unmatched     244       0
Discarded       0       0
```

　　由于只有 185 个实验组样本，使用 1 对 1 最近邻匹配法进行匹配，使用的对照组样本也会是 185 个。

　　接下来，我们分别使用散点图、分位数对比分位数图和条状图来检验匹配后实验组和对照组样本平衡的情况，为了节省版面，我们仅从分位数对比分位数图产生的 16 个图中，展示其中 6 个。

```
R> plot(mNearest1v1, type = "jitter")     # 散点图
R> plot(mNearest1v1, type = "QQ")         # 分位数对比分位数图
R> plot(mNearest1v1, type = "hist")       # 条状图
```

　　散点图（图 4.3 上图）图示了匹配后实验组和对照组样本倾向值的分布，其中也包含未被匹配对照组样本倾向值的分布，图面最右侧区域，实验组编号 178 样本倾向值约为 0.9，与其最近邻的对照组样本倾向值仅为 0.8，凸显了两组样本倾向值分布不平衡的情况，也显示了在这个区域两组样本分布缺乏重合。

　　分位数对比分位数图（图 4.3 左下图）图示了三个共变量年龄（**age**）、教育程度（**educ**）、黑人族群（**black**）匹配前后的分位数对

比图。匹配前(All 列)和匹配后(Matched 列),黑人族群变量的数据点偏离 45°参考对角线最为严重,是三个共变量中平衡情况最差的,不过,经过匹配后,三个共变量的平衡情况均稍有改善,数据点较匹配前靠近参考线。

条状图(图 4.3 右下图)图示了匹配前后实验组和对照组样本倾向值的分布。匹配前(Raw 列),两组的倾向值分布极为不同,说明平衡状况不佳,匹配后(Matched 列),两组的倾向值分布虽然在 0.6~0.8 这个区域逐渐趋同,但是整体差异仍然很大,说明平衡状况不佳。

MatchIt 程序包也提供类似 Matching 程序包检验平衡的步骤。以下程序码利用 summary( )程序计算了 mNearest1v1 物件中,各个共变量的平衡统计值,其中,令 standardize = TRUE,标准化这些平衡统计值(主要体现在 Std. Mean Diff. 这一项),以利于各个变量间的比较。

Summary of balance for all data 是匹配前各个共变量在实验组和对照组间差异的描述性统计;Summary of balance for all data 是匹配后各个共变量在实验组和对照组间差异的描述性统计;Percent Balance Improvement 则是匹配后各个共变量平衡情况改善的程度(以百分比计)。我们可以观察到,匹配后,distance 和 balance 这两个变量的组间标准化差值各为 0.97 和 1.02,是所有变量间较大的两个,说明这两个变量在匹配后,比较其他变量来看,平衡情况仍然不佳,其中,distance 这个变量即是倾向值。匹配后各个共变量平衡情况改善的程度并无太大的解读意义,例如 nodegree 变量匹配前在组间的差异不是太大,因此匹配后能改善平衡的程度也就不大。

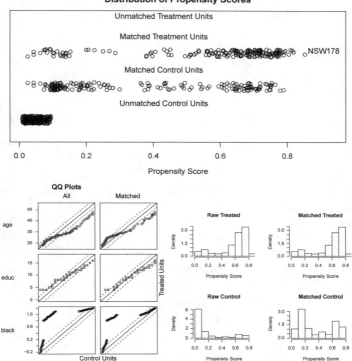

图 4.3　使用散点图、分位数对比分位图、条状图检验 matchit()
　　　　程序匹配前后共变量的平衡情况

注：散点图(上图)中的空心圆代表各组样本倾向值分布的情况,在匹配的
样本中,实验组第 **178** 个样本与对照组最近邻的样本相距较远,显示平衡
和重合的情况不佳;分位数对比分位数图(左下图)中的空心圆点代表各
组样本共变量分位数数值相对应分布的情况,越靠近度参照线(图中斜率
为 1 的实线),则平衡情况越好。比较三个共变量的分位数对比分位图,
黑人族群(**black**)变量显示的平衡情况最差,比较左右两列图,各个变量
在匹配后(**Matched** 列),平衡的情况都较匹配前(**All** 列)有小幅度改善;
条状图(右下图)显示匹配前(**Raw**)和匹配后(**Matched**),实验组和对照组
倾向值的树状分布图,从右列的比较来看,实验组和对照组的样本倾向值
分布并不相似,显示匹配后平衡情况不佳。

```
R> sNearest <- summary(mNearest1v1, standardize = TRUE)
R> print(sNearest)

Call:
matchit(formula = treat ~ age + educ + black + hispan + married +
    nodegree + re74 + re75, data = lalonde, method = "nearest",
    ratio = 1)

Summary of balance for all data:
```

Summary of balance for all data:

	Means Treated	Means Control	SD Control	Std. Mean Diff.	eCDF Med
distance	0.5774	0.1822	0.2295	1.7941	0.3964
age	25.8162	28.0303	10.7867	-0.3094	0.0827
educ	10.3459	10.2354	2.8552	0.0550	0.0228
black	0.8432	0.2028	0.4026	1.7568	0.3202
hispan	0.0595	0.1422	0.3497	-0.3489	0.0414
married	0.1892	0.5128	0.5004	-0.8241	0.1618
nodegree	0.7081	0.5967	0.4911	0.2443	0.0557
re74	2095.5737	5619.2365	6788.7508	-0.7211	0.2335
re75	1532.0553	2466.4844	3291.9962	-0.2903	0.1355

	eCDF Mean	eCDF Max
distance	0.3774	0.6444
age	0.0813	0.1577
educ	0.0347	0.1114
black	0.3202	0.6404
hispan	0.0414	0.0827
married	0.1618	0.3236
nodegree	0.0557	0.1114
re74	0.2248	0.4470
re75	0.1342	0.2876

Summary of balance for matched data:

	Means Treated	Means Control	SD Control	Std. Mean Diff.	eCDF Med
distance	0.5774	0.3629	0.2533	0.9739	0.2405
age	25.8162	25.3027	10.5864	0.0718	0.0703
educ	10.3459	10.6054	2.6582	-0.1290	0.0108
black	0.8432	0.4703	0.5005	1.0231	0.1865
hispan	0.0595	0.2162	0.4128	-0.6611	0.0784
married	0.1892	0.2108	0.4090	-0.0551	0.0108
nodegree	0.7081	0.6378	0.4819	0.1541	0.0351

re74	2095.5737	2342.1076	4238.9757	-0.0505	0.0324
re75	1532.0553	1614.7451	2632.3533	-0.0257	0.0270

	eCDF Mean	eCDF Max
distance	0.2266	0.4216
age	0.0855	0.2541
educ	0.0261	0.0757
black	0.1865	0.3730
hispan	0.0784	0.1568
married	0.0108	0.0216
nodegree	0.0351	0.0703
re74	0.0673	0.2757
re75	0.0516	0.2054

Percent Balance Improvement:

	Std. Mean Diff.	eCDF Med	eCDF Mean	eCDF Max
distance	45.7140	39.3143	39.9682	34.5679
age	76.8070	15.0754	-5.1356	-61.0721
educ	-134.7737	52.5180	24.9096	32.0511
black	41.7636	41.7636	41.7636	41.7636
hispan	-89.4761	-89.4761	-89.4761	-89.4761
married	93.3191	93.3191	93.3191	93.3191
nodegree	36.9046	36.9046	36.9046	36.9046
re74	93.0035	86.1124	70.0659	38.3325
re75	91.1508	80.0558	61.5500	28.5908

Sample sizes:

	Control	Treated
All	429	185
Matched	185	185
Unmatched	244	0
Discarded	0	0

图 4.4 以可视化的方式,提供使用者更为直观的方式,比较匹配前后各个共变量组间差值绝对值的变化。比较匹配前(All Data)和匹配后(Matched Data),多数的共变量在匹配后,组间差值的绝对值都有明显减小,唯独 hispan 和 educ 两变量在匹配后,组间差值的绝对值反而增加了。

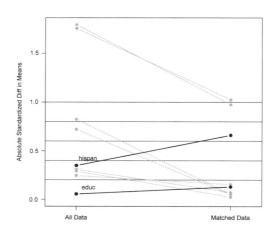

图 4.4 使用折线图呈现 matchit()程序匹配前(All Data)和匹配后(Matched Data)各个共变量组间差值绝对值的变化

注:灰色实心线和点表示匹配后,实验组和对照组间差值的绝对值减小了;反之,则以黑色实心线和点表示组间差值的绝对值增加了。例如,hispan 和 educ 两变量匹配后,组间差值的绝对值反而增加了。

以上的检验说明了共变量平衡和重合的情况仍有改善的空间。因此,我们应该返回调整模型和考虑共变量与处理变量之间的关系。为了简化展示的步骤,以目前的匹配结果进行接下来的匹配后分析。首先,从匹配后的物件(mNearest1v1)抽取匹配后的数据,其中,group 参数可以决定我们抽取的是实验组(group = "treat")或是对照组(group = "control")样本:

```
R> mData <- match.data(mNearest1v1, group="all")
R> mDataTreated <- match.data(mNearest1v1, group = "treat")
R> mDataControl <- match.data(mNearest1v1, group = "control")
```

接下来,必须载入 Zelig 程序包,用以估计平均处理效用。

```
R> library(Zelig)
```

　　首先,使用最小平方法(least squared, LS)线性回归模型分析结果变量和其他变量的回归运算,产生 z.out 物件;然后,将共变量设定在均值,将处理变量分别设定为 1 和 0,产生两个数据矩阵 xTreated 和 xControl;最后,使用模拟的方式估计平均处理效用。从输出结果的最后一行我们得知,平均处理效用为 1 363.79,处理效用的标准差为 789.18;其中,实验组平均处理效用为 6 577.13,而对照组平均处理效用为 5 213.34。

```
R> z.out <- zelig(re78 ~ treat + age + educ + black + hispan + nodegree +
+ married + re74 + re75, data = mData, model = "ls")
R> xTreated <- setx(z.out, treat = 1)
R> xControl <- setx(z.out, treat = 0)
R> ATE <- sim(z.out, x = xControl, x1 = xTreated)
R> > summary(ATE)

Model:  ls
Number of simulations:  1000

Values of X
  (Intercept) treat  age     educ     black     hispan    nodegree married
NSW1    1       0 25.55946 10.47568 0.6567568 0.1378378 0.672973   0.2
        re74    re75
NSW1 2218.841 1573.4
attr(,"assign")
[1] 0 1 2 3 4 5 6 7 8 9

Values of X1
  (Intercept) treat  age     educ     black     hispan    nodegree married
NSW1    1       1 25.55946 10.47568 0.6567568 0.1378378 0.672973   0.2
        re74    re75
NSW1 2218.841 1573.4
attr(,"assign")
[1] 0 1 2 3 4 5 6 7 8 9

Expected Values: E(Y |X)
        mean    sd     50%    2.5%    97.5%
```

```
NSW1 5213.341 545.416 5212.237 4158.876 6306.436
```

```
Expected Values: E(Y |X1)
         mean    sd     50%     2.5%     97.5%
NSW1 6577.131 529.509 6551.066 5620.657 7579.513
```

```
Predicted Values: Y |X
         mean    sd     50%     2.5%     97.5%
NSW1 5213.341 545.416 5212.237 4158.876 6306.436
```

```
Predicted Values: Y |X1
         mean    sd     50%     2.5%     97.5%
NSW1 6577.131 529.509 6551.066 5620.657 7579.513
```

```
First Differences: E(Y |X1) - E(Y |X)
         mean    sd     50%     2.5%     97.5%
NSW1 1363.79 789.181 1364.282 -120.422 2912.83
```

最后，我们载入 rbounds 程序包进行敏感性分析。首先，我们从匹配的数据中，截取匹配的实验组（**YTreated**）和对照组对应的结果变量 YContrl。然后分别使用 psens( )程序和 hlsens( )程序进行 Wilcoxon 符号秩检验和 Hodges-Lehmann 点估计检验。

```
R> library(rbounds)
R> YTreated <- mData $ re78[mData $ treat = =1]
R> YControl <- mData $ re78[mData $ treat = =0]
R> > psens(x = YControl, y = YTreated, Gamma = 2, GammaInc = 0.1)
```

```
Rosenbaum Sensitivity Test for Wilcoxon Signed Rank P-Value
```

```
Unconfounded estimate ....   0.8133
```

```
Gamma Lower bound Upper bound
  1.0    0.8133      0.8133
  1.1    0.6369      0.9239
  1.2    0.4437      0.9731
  1.3    0.2761      0.9916
  1.4    0.1552      0.9976
  1.5    0.0798      0.9994
```

```
1.6      0.0379       0.9998
1.7      0.0169       1.0000
1.8      0.0071       1.0000
1.9      0.0028       1.0000
2.0      0.0011       1.0000
```

```
Note: Gamma is Odds of Differential Assignment To
Treatment Due to Unobserved Factors
```

```
R> hlsens(x = YTreated, y =YControl, Gamma = 2, GammaInc = 0.1)
```

```
Rosenbaum Sensitivity Test for Hodges-Lehmann Point Estimate
```

```
Unconfounded estimate ....   706.2069
```

```
Gamma Lower bound Upper bound
   1.0      706.210      706.21
   1.1      200.610      952.51
   1.2      -42.993     1326.80
   1.3     -412.490     1619.60
   1.4     -691.190     1893.40
   1.5     -948.390     2078.50
   1.6    -1210.500     2328.10
   1.7    -1448.400     2521.10
   1.8    -1698.800     2785.00
   1.9    -1953.300     3085.10
   2.0    -2155.300     3314.60
```

```
Note: Gamma is Odds of Differential Assignment To
Treatment Due to Unobserved Factors
```

　　Wilcoxon 符号秩检验结果显示,当 $\varGamma = 1.5$ 时,下界的显著性水平就小于 0.05,说明了当匹配的两个单元接触处理发生比为 1.5 时,就可以改变原先对于处理效用的结论;也就是说,这个隐藏性偏差的影响不必太大就可以改变原来结论,因此分析结果对于隐藏性偏差的影响是非常敏感的,结论是不可靠的。

Hodges-Lehmann 点估计检验结果显示,当 $\Gamma = 1.2$ 时,Hodges-Lehmann 点估计的 95% 信用区间就包含了 0,说明了处理效用在 $\Gamma = 1.2$ 时是无效的;当匹配的两个单元接触处理发生比的差异仅 1.2 倍时,原先对于处理效用的结论就会被改变,隐藏性偏差的影响不必太大都可以改变结论,因此匹配后的结论是不可靠的。

4.4　使用 STATA 进行倾向值匹配分析 LaLonde 数据

本节同样使用 STATA 软件对 LaLonde 数据进行倾向值匹配分析。坊间介绍使用 STATA 进行倾向值匹配分析的书籍不在少数,为避免重复,本节仅使用 **psmatch2** 程序插件进行展示。

本节使用的 LaLonde 数据,可以从 R 软件中的 LaLonde 数据转存成 STATA 格式进行使用,抑或是从 STATA 命令窗中,键入程序码联网搜寻安装:

```
STATA> findit lalonde.dta
```

安装完成后,使用 **use** 命令呼叫使用该数据:

```
STATA> use lalonde.dta
```

数据中的 **d** 变量即是处理变量。

接下来,我们使用 **logit** 回归模型估计倾向值,并使用 predict 命令产生倾向值 ps:

```
STATA> logit d age education black hispanic married nodegree re74 re75

Iteration 0: log likelihood = -672.64954
Iteration 1: log likelihood = -593.46535
Iteration 2: log likelihood = -348.30052
```

```
Iteration 3: log likelihood = -261.65474
Iteration 4: log likelihood = -234.78586
Iteration 5: log likelihood = -233.81466
Iteration 6: log likelihood = -233.8102
Iteration 7: log likelihood = -233.8102
```

```
Logistic regression                    Number of obs   =     2675
                                       LR chi2(8)      =   877.68
                                       Prob > chi2     =   0.0000
Log likelihood =   -233.8102           Pseudo R2       =   0.6524
```

d	Coef.	Std.Err.	z	P>|z|	[95% Conf. Interval]	
age	-.0789956	.0147785	-5.35	0.000	-.107961	-.0500303
education	.0398062	.0697252	0.57	0.568	-.0968528	.1764651
black	2.200219	.3181754	6.92	0.000	1.576606	2.823831
hispanic	2.008432	.5592357	3.59	0.000	.9123499	3.104514
married	-1.627318	.262668	-6.20	0.000	-2.142138	-1.112498
nodegree	.7741866	.3528506	2.19	0.028	.0826122	1.465761
re74	-.0001092	.0000291	-3.75	0.000	-.0001663	-.0000521
re75	-.0002614	.0000404	-6.47	0.000	-.0003406	-.0001822
_cons	.6370526	1.179897	0.54	0.589	-1.675502	2.949608

Note: 153 failures and 0 successes completely determined.

```
STATA> predict ps, pr
```

　　以下程序码分别实现最近邻匹配法、1 对多最近邻匹配法、半径匹配法、核匹配法、马氏距离匹配法。

```
STATA> psmatch2 d, outcome(re78) pscore(ps) ate
STATA> psmatch2 d, outcome(re78) pscore(ps) neighbor(5) ate
STATA> psmatch2 d, outcome(re78) pscore(ps) radius ate
STATA> psmatch2 d, outcome(re78) pscore(ps) kernel k(biweight) ate
STATA> psmatch2 d, outcome(re78) mahalanobis(ps) ate
```

　　为简化展示步骤,以下仅展示应用最近邻匹配法的结果。我们关心的处理效用即 Difference 一列,代表的是实验组和对照组相对应结果变量的差值。匹配前(Unmatched)的平均处理效用为$-15\ 205$,匹配后,实验组平均处理效用(ATT)为$2\ 126$,对照组平均处理效用为(ATU)为$-14\ 458$。对照组样本数有$2\ 490$,实验组样本数有185个,匹配后的平均处理效用为 ATT 和 ATU 的加权平均,因此:

$$ATE = \frac{-14\ 458.365\ 7 \times 2\ 490 + 2\ 125.713\ 09 \times 185}{2\ 490 + 185}$$

$$= -13\ 311.429\ 4$$

```
STATA> psmatch2 d, outcome(re78) pscore(ps) ate
There are observations with identical propensity score values.
The sort order of the data could affect your results.
Make sure that the sort order is random before calling psmatch2.
```

Variable	Sample	Treated	Controls	Difference	S.E.	T-stat
re78	Unmatched	6349.1435	21553.9209	-15204.7774	1154.61433	-13.17
	ATT	6349.1435	4223.43041	2125.71309	1545.82752	1.38
	ATU	21553.9209	7095.55521	-14458.3657	.	.
	ATE			-13311.4294	.	.

Note: S. E. does not take into account that the propensity score is estimated.

psmatch2: Treatment assignment	psmatch2: Common support On suppor	Total
Untreated	2490	2490
Treated	185	185
Total	2675	2675

从以上步骤得出平均处理效用的标准误是不正确的。我们必须使用重复抽样的方式重新计算标准误,程序码如下所示。最新

估算结果为：ATT 的标准误从原先的 1 545 减小成为 758，ATU 的标准误为 7 703，而 ATE 的标准误为 7 172。

```
STATA> bootstrap "psmatch2 d, outcome(re78) pscore(ps) ate" "r(att)
  r(atu) r(ate)"

command:      psmatch2 d , outcome(re78) pscore(ps) ate
statistics:   _bs_1      = r(att)
              _bs_2      = r(atu)
              _bs_3      = r(ate)

Bootstrap statistics        Number of obs   =    2675
                            Replications    =    50


------------------------------------------------------------------------
Variable | Reps Observed     Bias     Std. Err. [95% Conf. Interval]
---------+--------------------------------------------------------------
  _bs_1  | 50   2125.713  -272.5584  758.0312  602.3924    3649.034 (N)
         |                                     245.3081    2955.341 (P)
         |                                     461.6028    3302.866 (BC)
  _bs_2  | 50  -14458.37  3296.149   7703.383  -29938.89   1022.163 (N)
         |                                     -17256.15   6201.312 (P)
         |                                     -17521.43   6201.312 (BC)
  _bs_3  | 50  -13311.43  3062.253   7171.991  -27724.09   1101.226 (N)
         |                                     -16087.92   5884.568 (P)
         |                                     -16217.32   5884.568 (BC)
------------------------------------------------------------------------
Note:  N  = normal
       P  = percentile
       BC = bias-corrected
```

接下来，我们必须检验共变量间平衡的情况，除此之外，加入检查倾向值（ps）的平衡情况也将有助于获得更好的匹配结果，程序码如下：

```
STATA> pstest age education black hispanic married nodegree re74 re75 ps,
  treated(d) both
```

```
------------------------------------------------------------------------
        Unmatched |  Mean                  % reduct |  t-test  | V(T)/
Variable Matched  |Treated Control  % bias |bias |  |t     p>|t|| V(C)
------------------+---------------------------------+----------+--------
  age       U     |25.816  34.851  -100.9           |-11.57 0.000 | 0.47*
            M     |25.816  23.459    26.3    73.9    |3.20   0.001 | 1.05
                  |                                  |             |
education   U     |10.346  12.117   -68.1           |-7.69  0.000 | 0.43*
            M     |10.346  10.357    -0.4    99.4    |-0.05  0.964 | 0.61*
                  |                                  |             |
black       U     |.84324  .2506    148.0           |18.13  0.000 |  .
            M     |.84324  .82162     5.4    96.4    |0.56   0.579 |  .
                  |                                  |             |
hispanic    U     |.05946  .03253    12.9           |1.94   0.053 |  .
            M     |.05946  .07027    -5.2    59.9    |-0.42  0.674 |  .
                  |                                  |             |
married     U     |.18919  .86627  -184.2           |-25.81 0.000 |  .
            M     |.18919  .0973     25.0    86.4    |2.54   0.012 |  .
                  |                                  |             |
nodegree    U     |.70811  .30522    87.9           |11.49  0.000 |  .
            M     |.70811  .68649     4.7    94.6    |0.45   0.652 |  .
                  |                                  |             |
re74        U     |2095.6  19429   -171.8           |-17.50 0.000 | 0.13*
            M     |2095.6  3256     -11.5    93.3    |-2.54  0.011 | 1.62*
                  |                                  |             |
re75        U     |1532.1  19063   -177.4           |-17.50 0.000 | 0.06*
            M     |1532.1  2262.2    -7.4    95.8    |-2.15  0.033 | 0.94
                  |                                  |             |
ps          U     |.63639  .02701   289.0           |66.16  0.000 | 8.03*
            M     |.63639  .63444     0.9    99.7    |0.07   0.946 | 1.02
                  |                                  |             |
------------------------------------------------------------------------
```

* if variance ratio outside [0.75; 1.34] for U and [0.75; 1.34] for M

```
------------------------------------------------------------------------
Sample     | Ps R2  LR chi2  p>chi2  MeanBias  MedBias    B     R   % Var
-----------+------------------------------------------------------------
Unmatched  | 0.657  883.69   0.000    137.8     148.0   303.2* 0.70  100
Matched    | 0.047   24.15   0.004      9.7       5.4    52.2* 1.15   40
------------------------------------------------------------------------
```

* if B>25% , R outside [0.5; 2]

　　pstest 程序使用的是 *t* 检验法,检验共变量各组在匹配前后均值的差异。从上表我们可以发现,大部分的共变量(包含倾向值)在经过匹配后,偏差都减少 90% 以上。然而,age、married、re74、re75 这四个变量的 *t* 检验值显著性都在 *p*<0.5 以下,说明匹配后,这四个变量组间均值的差值仍然显著明显,因此匹配还有改善的空间。

　　其次,我们使用 psgraph 程序图示检验实验组和对照组倾向值重合的情况。图 4.5 右图显示了实验组的样本在 0~0.8 的区间,都拥有相对应的对照组样本与之重合,显示重合情况尚可。不过,由于刻度的关系,psgraph 输出的图,让我们无法很好地观察到实验组和对照组倾向值重合和非重合的区域。

STATA> psgraph, bin(10)

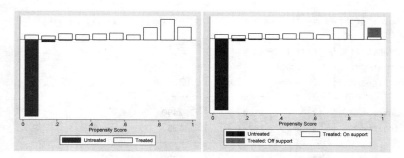

图 4.5　使用条状图检验 psmatch2 程序匹配后实验组和对照组倾向值重合的情况

注:左图呈现了在匹配过程中,并未强制共同支持域必须重合的情况,实验组的样本在 0~0.8 的区间,都拥有相对应对照组样本与之重合,由于刻度的关系,我们无法很好地观察到实验组和对照组倾向值重合的情况;右图则呈现了在匹配过程中,在强制共同支持域必须重合的情况下,实验组样本缺乏重合的部分(灰色区块)落在倾向值>0.9 的区域。

　　psmatch2 程序提供了在强制匹配过程中,必须符合共同支持域重合条件的命令,即在原先的命令加上 common 这个参数,如以下程序码。我们再以 psgraph 命令图示检验实验组和对照组倾向值重合的情况。如同图 4.5 左图结果所示,图 4.5 右图显示了实验组的样本在> 0.9 的区域,缺乏与之重合的对照组样本。

```
STATA> psmatch2 d, outcome(re78) pscore(ps) ate common
There are observations with identical propensity score values.
The sort order of the data could affect your results.
Make sure that the sort order is random before calling psmatch2.
```

Variable	Sample	Treated	Controls	Difference	S.E.	T-stat
re78	Unmatched	6349.1435	21553.9209	-15204.7774	1154.61433	-13.17
	ATT	6686.72484	4825.29721	1861.42763	1397.25981	1.33
	ATU	12547.8285	10433.1235	-2114.70503	.	.
	ATE			-1627.46336	.	.

Note: S.E. does not take into account that the propensity score is estimated.

psmatch2: Treatment assignment	psmatch2: Common support Off suppo	On suppor	Total
Untreated	1330	1160	2490
Treated	23	162	185
Total	1353	1322	2675

```
STATA> psgraph, bin(10)
```

　　最后,我们使用 rbounds 程序插件进行敏感性检验,如以下程序码。首先,我们产生相匹配实验组和对照组对应结果变量的差值 delta;其次,使用 rbounds 分析 delta,进行敏感性检验。

```
STATA> gen delta = re78 - _re78 if _treated==1
STATA> rbounds delta, gamma(1 (0.1) 2)

Rosenbaum bounds for delta (N = 162 matched pairs)


Gamma    sig+      sig-      t-hat+    t-hat-    CI+        CI-
-------------------------------------------------------------------------
1       .010267   .010267   1428.64   1428.64   186.645    2662.89
1.1     .036335   .002233   1051.2    1765.09   -92.9726   3081.37
1.2     .093024   .000435   726.577   2059.75   -380.03    3450.71
1.3     .186761   .000077   482.789   2356.75   -648.428   3765.38
1.4     .31179    .000013   246.537   2574.75   -964.891   4040.64
1.5     .452308   2.0e-06   30.7917   2857.28   -1261.98   4327.95
1.6     .5898     3.0e-07   -109.352  3105.33   -1543.73   4588.15
1.7     .709891   4.4e-08   -310.058  3355.46   -1768.34   4836.48
1.8     .805359   6.2e-09   -522.421  3642.49   -1951.77   5045.68
1.9     .875497   8.4e-10   -684.137  3796.43   -2179.17   5318.56
2       .923702   1.1e-10   -903.339  3999.45   -2332.47   5548.78

*  gamma   - log odds of differential assignment due to unobserved factors
   sig+    - upper bound significance level
   sig-    - lower bound significance level
   t-hat+  - upper bound Hodges-Lehmann point estimate
   t-hat-  - lower bound Hodges-Lehmann point estimate
   CI+     - upper bound confidence interval (a= .95)
   CI-     - lower bound confidence interval (a= .95)
```

Wilcoxon 符号秩检验结果（**sig+** 和 **sig-** 两列）显示，当 Γ = 1.1 时，上界的显著性水平就小于 0.05，说明了当匹配的两个单元接触处理发生比为 1.1 时，就可以改变原先对于处理效用的结论；也就是说，这个隐藏性偏差的影响不必太大就可以改变原来结论，因此分析结果对于隐藏性偏差的影响是非常敏感的，结论是不可靠的。

Hodges-Lehmann 点估计检验结果（**t-hat +**、**t-hat -**、**CI +** 和 **CI+** 四列）显示，当 Γ = 1.2 时，Hodges-Lehmann 点估计的 95% 信

用区间便包含了 0,说明了处理效用在 $\Gamma = 1.2$ 时是无效的;当匹配的两个单元接触处理发生比的差异仅为 1.2 倍时,原先对于处理效用的结论就会被改变,隐藏性偏差的影响不必太大都可以改变结论,因此匹配后的结论是不可靠的。

参考文献

辛涛,邹舟. 2010. 中学生课堂计算机使用对其数学成绩的影响[J]. 教育学报,6(4):66-70.

苑春永,陈福美,王耘,等. 2013. 独生子女和非独生子女情绪适应的差异——基于倾向分数配对模型的估计[J].中国临床心理学杂志,21(2):296-299.

赵春燕,王世平. 2014. 进口企业存在工资溢价吗?——基于倾向评分匹配估计的经验研究[J]. 中南财经政法大学学报,(1):96-103.

蒙志成. 2014. 92 共识对 2012 年台湾"总统"大选的议题效果:倾向分数配对法的应用与实证估算[J]. 选举研究,1(5):1-45.

Abadie, Alberto, David Drukker, Jane Leber Herr, and Guido W. Imbens. 2004. Implementing Matching Estimators for Average Treatment Effects in Stata[J]. *The Stata Journal*,4(3):290-311. URL http://www.stata-journal.com/article.html? article=st0072.

Angrist, Joshua D., Guido W. Imbens, and Donald B. Rubin. 1996. Identification of Causal Effects Using Instrumental Variables[J]. *Journal of the American Statistical Association*,91(434):444-455.

Bang, Heejung, and James M. Robins. 2005. Doubly Robust Estimation in Massing Data and Causal Inference Models[J]. *Biometrics*,61(4):962-973.

Becker, Sascha O., and Marco Caliendo. 2007. Sensitivity Analysis for Average Treatment Effects[J]. *The Stata Journal*, 7(1):71-83.

Becker, Sascha O., and Andrea Ichino. 2002. Estimation of Average Treatment Effects Based on Propensity Scores[J]. *The Stata Journal*, 2(4):358-377.

Breiman, Leo. 2001. Random Forests[J]. *Machine Learning*, 45 (1): 5-32.

Breiman, Leo, Jerome H. Friedman, Richard A. Olshen, and Charles J. Stone. 1984. *Classification and Regression Trees*[M]. Monterey, CA: Wadsworth Publishing.

Card, David, and Alan B. Krueger. 1994. Minimum Wages and Employment: A Case Study of the Fast-Food Industry in New Jersey and Pennsylvania[J]. *The American Economic Review*, 84 (4): 772-793.

Chipman, Hugh A., Edward I. George, and Robert E. McCulloch. 2010. BART: Bayesian additive regression trees[J]. *The Annals of Applied Statistics*, 4 (1): 266-298.

Cochran, William G. 1968. The Effectiveness of Adjustment by Subclassification in Removing Bias in Observational Studies[J]. *Biometrics*, 24 (2): 295-313.

Cochran, William G., and Cox M. Gertrude. 1950. *Experimental Designs*[M]. New York: Wiley.

Cochran, William G., and Donald B. Rubin. 1973. Controlling Bias in Observational Studies: A Review[J]. *Sankhyā: The Indian Journal of Statistics, Series A(1961-2002)* 35 (4): 417-446.

Congdon, P. 2005. *Bayesian Models for Categorical Data*[M]. Chichester, England; Hoboken, NJ: Wiley.

Fisher, Ronald A. 1935. *The Design of Experiments*[M]. Edinburgh: Oliver and Boyde.

Gangl, Markus. 2004. *RBOUNDS: Stata Module to Perform Rosenbaum Sensitivity Analysis for Average Treatment Effects on the Treated*[J]. STATA package version 1.1.6, URL http://econpapers.repec.org/software/bocbocode/s438301.

Gastwirth, Joseph L., Abba M. Krieger, and Paul R. Rosenbaum. 1998. Dual and Simultaneous Sensitivity Analysis for Matched Pairs[J]. *Biometrika*, 85 (4): 907-920.

Gastwirth, Joseph L., Abba M. Krieger, and Paul R. Rosenbaum.

2000. Asymptotic Separability in Sensitivity Analysis[J]. *Journal of the Royal Statistical Society*, 62 (3):545-555.

Gu, Xing Sam, and Paul R. Rosenbaum. 1993. Comparison of Multivariate Matching Methods: Structures, Distances, and Algorithms[J]. *Journal of Computational and Graphical Statistics*, 2 (4): 405-420.

Hansen, Ben B. 2004. Full Matching in an Observational Study of Coaching for the SAT [J]. *Journal of the American Statistical Association*, 99 (467): 609-618.

Hansen, Ben B., and Stephanie Olsen Klopfer. 2006. Optimal Full Matching and Related Designs via Network Flows[J]. *Journal of Computational and Graphical Statistics*, 15 (3): 609-627.

Heckman, James J. 1979. Sample Selection Bias as A Specification Error[J]. *Econometrica*, 47: 153-161.

Heckman, James J. 2008. Econometric Causality [J]. *International Statistical Review*, 76 (1): 1-27.

Heckman, James J., Hidehiko Ichimura, Jeffrey A. Smith, and Petra Todd. 1998. Characterizing Selection Bias Using Experimental Data [J]. *Econometrica*, 66 (5):1017-1098.

Heckman, James J., Hidehiko Ichimura, and Petra Todd. 1997a. Matching as an Econometric Estimator: Evidence from Evaluating a Job Training Programme[J]. *Review of Economic Studies*, 64 (4): 605-654.

Heckman, James J., Hidehiko Ichimura, and Petra Todd. 1997b. Matching as an Econometric Evaluation Estimator [J]. *Review of Economic Studies*, 65: 261-294.

Hill, Jennifer L. 2011. Bayesian Nonparametric Modeling for Causal Inference[J]. *Journal of Computational and Graphical Statistics*, 20 (1): 217-240.

Hill, Jennifer L., and Yu-Sung Su. 2013. Assessing Lack of Common Support in Causal Inference Using Bayesian Nonparametrics: Implications for Evaluating the Effect of Breastfeeding on Children's

Cognitive Outcomes [J]. *The Annals of Applied Statistics*, 7 (3): 1386-1420.

Hirano, Keisuke, and Guido W. Imbens. 2004. The Propensity Score with Continuous Treatments [C]//In *Applied Bayesian Modeling and Causal Inference from Incomplete-Data Perspectives: An Essential Journey with Donald Rubin's Statistical Family*, edited by Donald B. Rubin, Andrew Gelman, and Xiao-Li Meng. Chichester, West Sussex, England ; Hoboken, NJ: John Wiley, pp. 73-84.

Ho, Daniel E., Kosuke Imai, Gary King, and Elizabeth A. Stuart. 2011. MatchIt: Nonparametric Preprocessing for Parametric Causal Inference [J]. *Journal of Statistical Software*, 42 (8): 1-28. URL http://www.jstatsoft.org/v42/i08/.

Holland, Paul W. 1986. Statistics and Causal Inference [J]. *Journal of the American Statistical Association*, 81 (396): 945-960.

Imbens, Guido W. 2000. The Role of the Propensity Score in Estimating Dose-Response Functions [J]. *Biometrika*, 87 (3): 706-710.

Joffe, Marshall M., and Paul R. Rosenbaum. 1999. Invited Commentary: Propensity Scores [J]. *American Journal of Epidemiology*, 150 (4): 327-333.

Keele, Luke J. 2014. *rbounds: Perform Rosenbaum Bounds Sensitivity Tests for Matched and Unmatched Data* [EB/OL]. R package version 2.0, URL http://CRAN. R-project.org/package = rbounds.

Kosuke, Imai, and David A. van Dyk. 2004. Causal Inference With General Treatment Regimes: Generalizing the Propensity Score [J]. *Journal of the American Statistical Association*, 99 (467): 854-866.

LaLonde, Robert J. 1986. Evaluating the Econometric Evaluations of Training Programs with Experimental Data [J]. *The American Economic Review*, 76 (4): 604-620.

Lu, B., E. Zanutto, R. Hornik, and P. R. Rosenbaum. 2001. Matching With Doses in an Observational Study of a Media Campaign Against Drug Abuse [J]. *Journal of the American*

Statistical Association, 96: 1245-1253.

Lueven, Edwin, and Barbara Sianesi. 2015. *PSMATCH2: Stata Module to Perform Full Mahalanobis and Propensity Score Matching, Common Support Graphing, and Covariate Imbalance Testing*[EB/OL]. STATA package version 4.0.11, URL https://ideas.repec.org/c/boc/bocode/s432001.html.

McCullagh, Peter. 1980. Regression Models for Ordinal Data [J]. *Journal of the Royal Statistical Society. Series B (Methodological)*, 42 (2): 109-142.

Morton, David E., Alfred J. Saah, Stanley L. Silberg, Willis L. Owens, Mark A. Roberts, and Marylou D. Saah. 1982. Lead Absorption in Children of Employees in A Lead-Related Industry [J]. *American Journal of Epidemiology*, 115 (4): 549-555.

Neyman, J., K. Iwaszkiewicz, and St. Kolodziejczyk. 1935. Statistical Problems in Agricultural Experimentation [J]. *Supplement to the Journal of the Royal Statistical Society*, 2 (2): 107-180.

Neyman, Jerzy, D. M. Dabrowska, and T. P. Speed. 1990[1923]. On the Application of Probability Theory to Agricultural Experiments. Essay on Principles. Section 9[J]. *Statistical Science*, 5 (4): 465-472.

Owen, Matt, Kosuke Imai, Gary King, and Olivia Lau. 2013. *Zelig: Everyone's Statistical Software*[EB/OL]. R package version 4.2-1, URL http://CRAN.R-project.org/package=Zelig.

Przeworski, Admam. 2007. Is the Science of Comparative Politics Possible? [M] In *The Oxford Handbook of Comparative Politics*, edited by Charles Boix and Susan C. Stokes, chap. 6. New York: Oxford University Press, pp. 147-171.

R Core Team. 2014. *R: A Language and Environment for Statistical Computing* [EB/OL]. R Foundation for Statistical Computing, Vienna, Austria. URL http://www.R-project.org/.

Robins, James M., and Andrea Rotnitzky. 2001. Comments: "Inference for Semiparametric Models: Some Questions and An

Answer" by Peter J. Bickel and Jaimyoung Kwon[J]. *Statistica Sinica*, 11 (41): 920-936.

Rosenbaum, Paul R. 2002. *Observational Studies*[M]. 2nd ed. New York: Springer.

Rosenbaum, Paul R. 2005. Sensitivity Analysis in Observational Studies[J]//In *Encyclopedia of Statistics in Behavioral Science*, vol. 4, edited by Brian S. Everitt and David C. Howell. John Wiley & Son, pp. 1809-1814.

Rosenbaum, Paul R., and Donald B. Rubin. 1983. The Central Role of the Propensity Score in Observational Studies[J]. *Biometrika*, 70 (1): 41-55.

Rosenbaum, Paul R., and Donald B. Rubin. 1984. Reducing Bias in Observational Studies Using Subclassification on the Propensity Score[J]. *Journal of the American Statistical Association*, 79 (387): 516-524.

Rosenbaum, Paul R., and Donald B. Rubin. 1985. Constructing a Control Group Using Multivariate Matched Sampling Methods That Incorporate the Propensity Score[J]. *The American Statistician*, 39 (1): 33-38.

Roy, A. D. 1951. Some Thoughts on the Distribution of Earnings[J]. *Oxford Economic Papers*, 3 (2): 135-146.

Rubin, Donald B. 1974. Estimating Causal Effects of Treatments in Randomized and Nonrandomized Studies[J]. *Journal of Educational Psychology*, 66 (5): 688-701.

Rubin, Donald B. 1976. Multivariate Matching Methods That are Equal Percent Bias Reducing, I: Some Examples[J]. *Biometrics*, 32 (1): 109-120.

Rubin, Donald B. 1977. Assignment to Treatment Group on the Basis of a Covariate[J]. *Journal of Educational Statistics*, 2 (1): 1-26.

Rubin, Donald B. 1978. Bayesian Inference for Causal Effects: The Role of Randomization[J]. *The Annals of Statistics*, 6 (1): 34-58.

Rubin, Donald B. 1979. Using Multivariate Matched Sampling and

Regression Adjustment to Control Bias in Observational Studies[J].
Journal of the American Statistical Association, 74 (366): 318-328.

Rubin, Donald B. 1980a. Bias Reduction Using Mahalanobis-Metric
Matching[J]. *Biometrics*, 36 (2): 293-298.

Rubin, Donald B. 1980b. Disussion: Randomization Analysis of
Experimental Data: The Fisher Randomization Test Comment[J].
Journal of the American Statistical Association, 75 (371): 591-593.

Rubin, Donald B. 1981. Estimation in Parallel Randomized
Experiments[J]. *Journal of Educational and Behavioral Statistics*, 6
(4): 377-401.

Rubin, Donald B. 1986. Comment: Which Ifs Have Causal Answers
[J]. *Journal of the American Statistical Association*, 81 (396):
961-962.

Rubin, Donald B. 1990. Formal Mode of Statistical Inference for
Causal Effects[J]. *Journal of Statistical Planning and Inference*, 25
(3): 279-292.

Rubin, Donald B. 2001. Using Propensity Scores to Help Design
Observational Studies: Application to the Tobacco Litigation[J].
Health Services & Outcomes Research Methodology, 2 (1): 169-188.

Sekhon, Jasjeet S. 2011. Multivariate and Propensity Score Matching
Software with Automated Balance Optimization: The Matching
Package for R[J]. *Journal of Statistical Software*, 42 (7): 1-52.
URL http://www.jstatsoft.org/v42/i07/.

Smith, Jeffery A., and Petra E. Todd. 2005. Does Matching Overcome
Lalonde's Critique of Nonexperimental Estimators? [J]. *Journal of
Econometrics*, 125 (1-2):305-353.

Zanutto, Elaine, Bo Lu, and Robert Hornik. 2005. Using Propensity
Score Subclassification for Multiple Treatment Doses to Evaluate a
National Antidrug Media Campaign[J]. *Journal of Educational and
Behavioral Statistics*, 30 (1): 59-73.